Lektorat:	Beate Hemmer, Irene Köhler, Petra Wildanger
Umschlaggestaltung:	Eva Fuchs, Beate Hemmer
Layout:	Eva Fuchs, Beate Hemmer, Irene Köhler
Illustrationen / Fotos:	Beate Hemmer
	www.hemmer-art.de
Satz / Grafik:	HEMMER-DESIGN,
	Mergentheimer Str. 44, 97082 Würzburg

| Druck: | Schleunungdruck GmbH, |
| | Eltertstraße 27, 97828 Marktheidenfeld |

12. neugestaltete Auflage 2008

© hemmer/wüst Verlag GmbH
Mergentheimer Str. 44
97082 Würzburg
Tel.: 09 31 / 79 78 2-30
Fax: 09 31 / 79 78 2-34
verlag@hemmer.de
Internet: www.hemmer-shop.de

Printed in Germany
ISBN: 978-3-89634-816-6

Bertold Ulsamer, Claus Blickhan

NLP für Einsteiger

Sind Sie neugierig und wollen
selbstbestimmt neue Wege
entdecken und beschreiten?

12. Auflage 2008

Inhalt

1. Einstieg in NLP Bertold Ulsamer   6

1.1	NLP - damals und heute	6
1.2	Was ist der Inhalt von NLP?	8
1.3	Wie ist NLP entstanden?	10
1.4	Anwendungsgebiete	13
1.5	Wichtige NLP-Begriffe	15
1.6	Was sind Kritikpunkte an NLP?	26
1.7	Kriterien für gute NLP-Trainer und Trainerinnen	30

2. NLP in Coaching und Therapie   31

2.1	Was ist „Therapie"?	31
2.2	Mit welchen Methoden arbeitet der Therapeut?	33
2.3	Orientierung auf das Ziel hin	34
2.4	Flexibilität	37
2.5	RESSOURCEN wecken	38
2.6	Programme des Gehirns	40
2.7	Die Kräfte des Unbewussten	42
2.8	Zusammenfassung	44

3. NLP im Management Claus Blickhan   45

3.1   Grundlagen des NLP   45
          3.1.1 Ganzheitlicher Ansatz   45
          3.1.2 Jeder ist einzigartig   46
          3.1.3 Was heißt „Programm"?   47
          3.1.4 Wer steuert das Programm?   48
          3.1.5 Wie wir uns einschränken   49
          3.1.6 Ziele definieren   50
          3.1.7 Wege suchen   52
          3.1.8 Entscheiden   53
          3.1.9 Informationsverarbeitung
                 bei Entscheidungsprozessen   54
3.2   NLP und Selbst-Management   55
          3.2.1 „Blocks beseitigen"   57
          3.2.2 Erfolgs-Anker setzen (ANCHORING)   58
          3.2.3 Den eigenen Spielraum erweitern   58
          3.2.4 Aus den eigenen Kraftquellen schöpfen   59
          3.2.5 Die eigenen Stärken nutzen   61
          3.2.6 Die Scheuklappen ablegen   62

Anhang   64

4.   Fazit   64
5.   Was Sie über NLP-Ausbildungen wissen sollten   65
6.   Kurzdefinitionen der wichtigsten NLP-Begriffe   66

      Fußnoten   69
      Literaturverzeichnis – Weiterführende Literatur   70
      Autoren

1.1.   NLP – damals und heute

Neuro-Linguistisches Programmieren (NLP) entwickelte sich in den 70er Jahren in den USA. Seither hat es sich weltweit verbreitet. In Deutschland boomte es in den 90ern. Zunächst waren deutsche Bücher über NLP meist Übersetzungen amerikanischer Seminar-Mitschriften. Diese Texte transportierten oft mehr amerikanische Denkmuster, als dem deutschen Verständnis gut tat. Deshalb schrieben wir mit tatkräftiger Unterstützung von Vera F. Birkenbihl eine deutsche Einführung.

Der Text spiegelt natürlich das damalige Verständnis und Know How von NLP wieder. Da ist noch von der „NLP-Methode" die Rede; der humanistische Hintergrund und ganzheitliche Ansatz, der weit über das Methodische hinausgeht, bleibt oft nur angedeutet.

Inzwischen ist NLP eine breite Strömung: Beim Googeln von „NLP" auf Seiten aus Deutschland ergeben sich mehr als eineinhalb Millionen Verweise. Heute ist NLP auch in China wohlbekannt, und das Institut in Tokyo arbeitet seit letztem Jahr mit dem INNTAL INSTITUT zusammen. Für Therapeuten und Management-Trainer gehört es zum guten Ton, NLP zumindest zu kennen. Doch noch immer gibt es einige Vorurteile, die aus diesen alten Tagen stammen.

Inhaltlich hat sich NLP wesentlich weiterentwickelt. Aus dem Bereich Kommunikation, Persönlichkeitsentwicklung und Coaching ist es nicht mehr wegzudenken, weil es breiter gefächert ist als jedes andere Modell und mit praktisch allen modernen

Ansätzen vereinbar. Gerade in Europa ist der Zusammenhang zur Systemi-
schen Arbeit deutlich, was auch unsere aktuelle Arbeit ausmacht. Die wissen-
schaftlichen Befunde der Neurophysiologie belegen mehr und mehr, dass die
Praxis des NLP hier viel weiter ist als Festhalten an vermeintlich gesicherten
Erkenntnissen aus dem letzten Jahrtausend. Eine ausführliche Auseinander-
setzung damit würde hier den Rahmen sprengen.

Dennoch ist dies noch immer eine klare, leicht verständliche Einführung mit
vielen Beispielen für grundlegende Prinzipien, Themen und Methoden. Damit
gewinnen Sie einen kleinen Überblick, was die Basis des NLP ausmacht.

Freiburg und Rosenheim, April 2008

1.2 Was ist der Inhalt von NLP?

NLP behandelt den erfolgreichen Umgang mit Menschen. Es beschreibt die zwei Bereiche Verstehen und Verändern und vermittelt:

1. Die Kunst, seine Mitmenschen zu verstehen und sich ihnen verständlich zu machen

2. Die Kunst, bei sich selbst und bei anderen positive Veränderungen in Gang zu setzen

NLP untersucht die Zusammenhänge zwischen Körper – Sprache – Denken

Das Kunstwort Neuro-Linguistisches Programmieren setzt sich aus drei Teilen zusammen. „Neuro" steht für neurologisch. Damit sind Prozesse auf der körperlichen Ebene gemeint (auch Gefühle sind körperliche Prozesse!). „Linguistisches" bezieht sich auf Sprache. „Programmieren" weist auf unsere inneren Denk-Programme hin. NLP untersucht nun die vielfältigen Zusammenhänge zwischen Körper – Sprache – Denken.

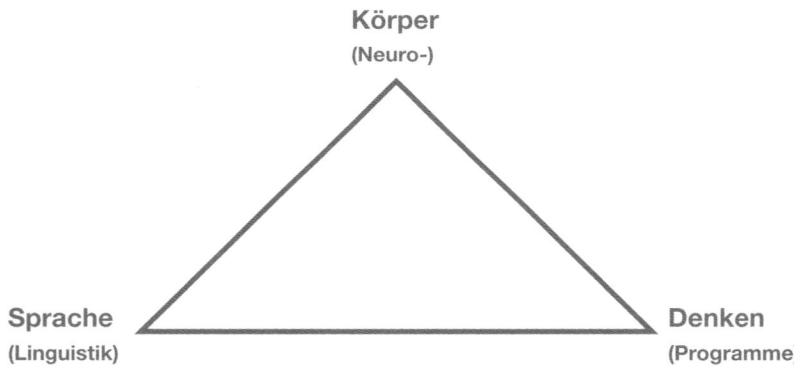

Körper
(Neuro-)

Sprache
(Linguistik)

Denken
(Programme)

Beispiel zum Thema Denk-Programme:

Luise reagiert jedes Mal empfindlich und eingeschnappt auf Kritik, während ihre Freundin Sabine recht souverän und offen mit Kritik umgeht.

Beide verarbeiten die Kritik unterschiedlich, weil sie unterschiedliche Denk-Programme haben, die in Kritiksituationen fast vollautomatisch ablaufen. Luise: „Der mag mich nicht, sonst würde er nicht so etwas Negatives über mich sagen". Sabine: „Das ist ja toll, dass ich endlich mal erfahre, was die Leute manchmal an mir stört".

Mit NLP kann Luise lernen, ihr bisheriges Denkprogramm zu erkennen und zu verändern.

Übung zur Beziehung zwischen Körper und Denken:

Erinnern Sie sich an ein unangenehmes Ereignis der letzten Zeit. Erlauben Sie sich einige „trübe", negative Gedanken dazu. Nehmen Sie dabei bewusst wahr, wie Sie Ihren Körper halten und wie Sie atmen.

Stehen Sie nun auf! Heben Sie die Arme über den Kopf in die bekannte Siegerpose der Olympiakämpfer.
Atmen Sie dabei ein paar Mal tief durch.

Und jetzt denken Sie an das unangenehme Ereignis. Probieren Sie, ob Sie in dieser Körperhaltung genauso negativ darüber denken können und atmen Sie dabei weiter tief durch (Ich wette mit Ihnen, dass es Ihnen nicht gelingt!).

NLP bietet viele Übungen, die Ihnen helfen, die Beziehung zwischen Körper und Denken so zu nutzen, dass Ihnen mehr Kraft und Fähigkeiten in schwierigen Situationen zur Verfügung stehen.

1.3 Wie ist NLP entstanden?

Stellen Sie sich vor:
Ihr dreijähriger Sohn ist heute besonders gereizt und nervig. Sie schaffen es innerhalb von zehn Minuten, dass er wieder lacht und zufrieden mit seinen Bauklötzen spielt.
Ein Freund hat Sie dabei beobachtet. Bewundernd fragt er hinterher, wie Sie genau den richtigen Ton und die richtigen Worte gefunden haben. „Das ist einfach Intuition", meinen Sie zu ihm. „Das schaffe ich immer oder meistens! Aber wie es funktioniert, weiß ich nicht".
„Du hast ein ganz besonderes Talent", meint Ihr Freund. „Ich kenne so viele Mütter und Väter, bei denen herrscht nach zehn Minuten der größte Krach. Ich bin neugierig und möchte das auch Lernen! Wenn du erlaubst, mache ich die nächsten Male Video- und Tonbandaufnahmen. Die analysiere ich genau. Wenn ich dann verstanden habe, was ausschlaggebend für die Stimmungsänderung deines Sohnes ist, dann probiere ich das selbst zuhause mit meiner kleinen Tochter aus. Anschließend kann ich dir erzählen, was du genau machst, und was so wirkungsvoll ist."

Und Sie sind sehr gespannt auf die Ergebnisse...
So ähnlich wurde NLP entwickelt. Nur waren die Studienobjekte nicht geniale Eltern, sondern geniale Therapeuten.
Die Beobachter waren in den 1970er Jahren in Kalifornien zwei junge amerikanische Wissenschaftler an der Universität Santa Cruz. Der eine war John Grinder, ein etwas über 30 Jahre alter Sprachforscher und Professor für Linguistik, der andere war Richard Bandler, ein zehn Jahre jüngerer Student, der damals schon als Gestalttherapeut arbeitete. Gemeinsam studierten sie eine Reihe der bedeutendsten amerikanischen Therapeuten (Fritz Perls, Milton Erickson, Virginia Satir). Diese waren dadurch bekannt, dass sie erstaunliche Erfolge bei den schwierigsten Problemen erzielten. Bandler und Grinder beobachteten die Therapeuten bei der Arbeit und analysierten Video- und Tonbandaufnahmen bis ins kleinste Detail. So fanden sie heraus, wie die therapeutischen „Magier" auf ihre Klienten eingingen und wie sie bei ihnen erstaunliche Veränderungen im Denken und Verhalten erzielten. Ihr methodisches Vorgehen und die Ergebnisse nannten Bandler und Grinder Neuro-Linguistisches-Programmieren.

„Modelling" wird dieses Vorgehen genannt, das zu den Grundlagen des NLP führte und Grundlage des NLP ist. Jemand mit einer Spitzenleistung dient als Modell. Wenn der NLPler die genauen Muster und Strukturen seines Denkens und Handelns herausgefunden hat, ist er selbst in der Lage, die gleiche Leistung zu erbringen.

Vera F. Birkenbihl verdichtet in einem treffenden Bild: „Auch diese super-erfolgreichen Therapeuten hatten ja aus irgendwelchen Quellen getrunken, bevor das Quellwasser durch ihre Arbeit und ihren erfolgreichen Stil quasi zu ausgezeichnetem Wein geworden war. Bandler und Grinder nun nahmen einige alte Schläuche voll solchen Weins, leerten diese in ein großes Fass und brauten daraus einen hochprozentigen Cognac! Diesen füllten sie sodann in neue Schläuche, welche sie höchst erfolgreich zu vermarkten begannen".[1]
Diese Forschungen wurden von vielen anderen NLP-Forschern auf andere Spitzenkönner erweitert, wie Manager, Wissenschaftler, Juristen oder Künstler. Und der „geniale" Verkäufer, der die schwierigsten (cholerischen, gereizten, misstrauischen, usw.) Kunden erreichen kann, ist genauso Forschungsobjekt wie der Wunderheiler, der überraschende Heilungen erzielt.

Die Fragen, die dabei gestellt werden:
- Was machen diese Spitzenkönner intuitiv richtig?
- Was machen die anderen, die erfolglos sind, falsch?
- Welche Gesetzmäßigkeiten und Regeln gibt es in dem intuitiven Vorgehen der Spitzenkönner?
- Wie lassen sich diese Regeln anderen vermitteln?

Beispiel:
Walt Disney kennt jeder über Mickeymouse-Hefte, Filme und die Disneyland-Vergnügungsparks.
Was waren die Voraussetzungen seiner einzigartigen Mischung aus Kreativität und geschäftlichen Erfolg?

Jeder von uns trägt in seinem Kopf drei verschiedene „Denker" mit sich:

Träumer

- den Träumer, der auf die ausgefallensten Ideen kommt,

- den Realisten, der jede Idee auf die Machbarkeit abklopft und

- den Kritiker, der besonders Schwachstellen und mögliche Probleme sieht.

Was im Alltag oft geschieht: Unserem Träumer ist eine phantastische Idee eingefallen. In der nächsten Sekunde meldet sich der Kritiker und zerreißt die Idee als absolut blödsinnig in der Luft!

Damit haben wir uns selbst blockiert. Machen wir das oft genug, dann hört irgendwann der Träumer von selbst auf, kreative Ideen zu spinnen.

Realist

Was Walt Disney anders als Otto Normalverbraucher machte: Er gab jedem „Denker" genügend Zeit und Raum. Der Träumer durfte in Ruhe Träume und kühne, möglichst verrückte Ideen entwickeln. Dann machte sich der Realist an die Arbeit und überlegte sich, wie jede einzelne Idee umgesetzt werden könnte. Und schließlich kam die ganz wichtige Aufgabe des Kritikers (auch er arbeitete kooperativ mit!). Der Kritiker wies auf die Probleme und Schwachstellen hin, so dass der Realist sich überlegen konnte, mit diesen Hindernissen fertig zu werden.[2]

Die Erfolge von Walt Disney zeigen, wie erfolgreich eine solche Zusammenarbeit sein kann.

Kritiker

1.4 Anwendungsgebiete

Der ursprüngliche Ansatz von NLP hat sich inzwischen in viele Richtungen weiterentwickelt. Im Unterschied zu anderen Schulen gibt es kein abgeschlossenes einheitliches Konzept. So werden immer neue Gebiete untersucht und neue Methoden gefunden. Denn NLP interessiert sich für alle Spitzenleistungen.

In den USA gibt es eine Reihe von Forschern, die immer weiter neue Entdeckungen machen, z.B. Robert Dilts, Leslie Cameron-Bandler, Steve und Connirae Andreas. In Deutschland forscht niemand mit der gleichen Intensität. Wir sind hier hauptsächlich Anwender und Umsetzer dieser Ergebnisse.

Die hauptsächlichen Anwendungsbereiche sind:

- Therapie und Coaching

Das erste Feld des NLP war die Therapie. NLP tritt dabei vor allem als Kurzzeittherapie auf, d.h. Probleme werden angegangen, um sie in wenigen Sitzungen zu lösen. Je klarer und umrissener eine Störung ist, desto größer sind die Chancen rascher Hilfe (mehr dazu im folgenden Beitrag). Auch bei schwierigen, lange vorhandenen Störungen gelingen bisweilen „Wunderheilungen" mittels weniger Sitzungen. In anderen Fällen dauert eine Veränderung wieder länger. Denn eine Einstellung zum Leben wie z.B. tiefes Misstrauen gegenüber allem Neuen, die 30, 40 oder mehr Jahre das Verhalten bestimmt, braucht Zeit und Geduld zur Veränderung.

- Verkaufstraining

Verkäufer wollen/müssen verkaufen. Also suchen sie nach Möglichkeiten, ihre Fähigkeiten zu erweitern. Wirksame Kommunikationsmethoden wandern deshalb sehr schnell in den Verkaufsbereich, so auch NLP. Für jemand, der erfolgreichen Umgang mit Kunden pflegen will, sind die Entdeckungen des NLP über den Rapport (s. S. 17) und die unterschiedlichen persönlichen Kundenstile von unschätzbarem Wert. Dazu kommen Methoden, die eigene Belastbarkeit zu erhöhen und Ressourcen zu wecken.

Von den Grundgedanken her kommt es NLP auf die langfristige Zufriedenheit von Verkäufer und Kunden an, und nicht um einseitige Durchsetzung (dass es in der Praxis leider anders ausschaut, dazu mehr im Abschnitt „Was sind Kritikpunkte an NLP?").

● Training für Führungskräfte
NLP gibt viele Anregungen für die tägliche Praxis. Es beschreibt Einstellungen und Haltungen, die jede Führungskraft nutzen kann. Die Grundhaltungen und ihre Anwendung im Führungsalltag finden Sie ausführlich in meinem Buch „Exzellente Kommunikation mit NLP" beschrieben.[3]

● Pädagogik
Insbesondere über die Suggestopädie haben NLP-Elemente das moderne Lehren und Lernen erreicht. Insgesamt ist in der Pädagogik NLP noch nicht so weit verbreitet, obwohl einzelne Lehrer ein großes Interesse haben. Ein pädagogisches Feld, dem sich NLP in Amerika stark gewidmet hat, ist das Erlernen der (sehr schwierigen) englischen Rechtschreibung.

● Medizin und Gesundheit
Immer deutlicher wird der heutigen Medizin, wie stark der Einfluss von tiefsitzenden Überzeugungen auf Entstehung und Verlauf von Krankheiten ist. Resignation und Hilflosigkeit verstärken Krankheiten und hindern ihre Heilung. Dagegen unterstützen Hoffnung und eine positive Haltung die Selbstheilungskräfte.
NLP beeinflusst Überzeugungen und innere Vorstellungen mit vielen direkten Techniken und Methoden. Dabei geht es nicht um Appelle (Denk positiv!), sondern um eine konstruktive Veränderung der inneren Denk-Programme.

1.5 Wichtige NLP-Begriffe

Die grundlegende Fähigkeit, um NLP anzuwenden, ist die eigene geschulte Wahrnehmung.
Je genauer jemand mit allen seinen Sinnen wahrnimmt, desto eher hat er die Möglichkeit, angemessen und erfolgreich auf seine Mitmenschen einzugehen. Es gilt, die Einmaligkeit des anderen und genau dessen speziellen Reaktionen zu entdecken.
Ziel ist es, immer flexibler zu werden. Wer daher ein Handbuch mit Rezepten von NLP erwartet, wird enttäuscht sein. Stattdessen gilt: Es gibt kein Verhalten, das von vornherein richtig oder falsch ist. Stets existieren verschiedene Wege, die auszuprobieren sind. Entscheidend ist immer die Wirkung.
Ein Grundsatz für die Kommunikation lautet: Jedes Verhalten des Gegenübers ist ein Feedback für das eigene Verhalten. Wenn man vom Gegenüber eine andere Reaktion bekommt als die, die man wünscht, ist die Erklärung nutzlos, dass der andere „nicht will". Sein Verhalten ist der Hinweis darauf, dass man flexibel und kreativ neue Möglichkeiten suchen muss, sich selbst anders zu verhalten.

Beispiel:
Außendienstmann Mayer hat sich im Seminar einen Weg zurechtgelegt, wie er sich besser auf seinen schwierigen Chef Schütz einstellen kann. Er probiert es beim nächsten Gespräch mit Schütz, aber dieser reagiert eher noch abweisender.
Mayer ist nicht frustriert, sondern versteht das Feedback durch Schütz als: „So nicht!". Das war also nicht der richtige Weg! Jetzt fühlt sich Mayer erst recht herausgefordert, beim nächsten Mal eine positive Reaktion zu erzielen. „Das wäre doch gelacht!", sagt Mayer zu sich selbst.[4]

● Ressourcen und „Block"
NLP unterscheidet „Ressourcen" und „Blocks", zwei Zustände, die jeder von uns kennt. Mit „Ressourcen" sind alle Kräfte, Fähigkeiten und nützliche Erfahrungen gemeint, die wir bisher eingesetzt und gemacht haben. Im Zustand der Ressourcen schöpfen wir unser Potential ganz aus.

Dagegen sind wir im Zustand des „Blocks" von diesen unseren Kräften abge-schnitten. Wir haben den aktuellen Zugang zu ihnen verloren. Wir sind „blo-ckiert" („stuck state").

Beispiel:
Sie stehen an einem Frühlingsmorgen gut gelaunt auf, frühstücken genussvoll und machen sich dann voller Schwung an Ihre Arbeit. Sie sind klar und ideen-reich. Körperlich fühlen Sie sich entspannt und gleichzeitig voller Tatkraft. Sie befinden sich im Zustand Ihrer Ressourcen.
Ganz anders an einem Regentag ein paar Wochen später. Lustlos quälen Sie sich aus dem Bett. Trübe Gedanken begleiten Sie den ganzen Tag. Problemen stehen Sie hilflos gegenüber. Alles geht daneben. Ein wichtiges Gespräch ver-sieben Sie. Ihre Ressourcen haben Sie vergessen. Sie sind blockiert.

NLP hat viele Methoden entwickelt, um von diesem blockierten Zustand wie-der in den ressourcevollen Zustand zu gelangen. Probieren Sie gleich mal die nächste Übung aus!

Übung
1. Welche Situation aus Ihrem Alltag fällt Ihnen spontan ein, in der Sie sich immer wieder blockiert fühlen?
2. Welche Fähigkeit oder Eigenschaft (Ressource) würde Ih-nen in dieser Situation gut tun? Finden Sie die richtige Be-zeichnung.
3. Wann haben Sie diese Ressource das letzte Mal in einer Situation voll erlebt?
4. Erinnern Sie sich genau daran, was Sie in dieser Situation gesehen und gehört und wie Sie sich gefühlt haben.
5. Wie wäre es, wenn Sie diese Ressource in der blockieren-den Situation zur Verfügung hätten?

Eine Fülle von Anregungen, mittels NLP die eigenen Ressourcen zu wecken, finden Sie – nicht nur als Manager – in meinem Buch „Erfolgstraining für Manager".[5]

Moment of Excellence

Mit „Moment of Excellence" sind die Höhepunkte unseres Lebens gemeint, als wir im Vollbesitz aller unserer Ressourcen waren. Das waren Momente, in denen wir ganz besonders glücklich, entspannt, mutig oder liebevoll waren. Jeder kennt diese Augenblicke, wenn man sie auch oft wieder vergisst.

(Zwischendurch die Frage an Sie, liebe Leserinnen, liebe Leser: Was waren die wichtigsten Moments of Excellence in Ihrem Leben?)

Wir befassen uns mit diesen Erfahrungen, um häufiger Glück, Entspannung, Lebensfreude oder Mut zu erleben. Mit NLP wurde erkannt: Wir lernen, statt uns immer nur mit Problemen herumzuschlagen, am besten und das Beste von unseren Moments of Excellence!

Mit NLP seine verschütteten Ressourcen wecken

Rapport

„Rapport" ist ähnlich wie der „gute Kontakt". Dieser gute Kontakt ist die Grundlage für die Verständigung zweier Menschen. Wenn er fehlt, wird die Kommunikation schwierig. Rapport gilt immer dann, wenn die Kommunikation „stimmig" ist. So hat beispielsweise ein Liebespaar häufig Rapport. Es gibt aber auch hier immer wieder Momente, in denen der Rapport fehlt („Rapportbruch").

Beobachten Sie einmal aufmerksam, was abläuft, wenn sich zwei Leute in einem Café gut unterhalten. Häufig haben beide die gleiche oder ähnliche Körperhaltung. Besonders auffällig ist der gemeinsame Bewegungsrhythmus. Verändert der eine seine Haltung, bewegt sich der andere mit. Es ist fast wie eine Art Tanz. Beide halten, ohne sich bewusst Mühe zu geben, Rapport miteinander.

Pacing und Leading

Was kann der einzelne tun, um diesen guten Kontakt herzustellen? Durch Beobachten, Zuhören und Verhaltensanalysen haben die NLP-Forscher herausgefunden: Das Wichtigste dabei ist, sich dem anderen anzugleichen, das „Pacing". „Pacing" lässt sich wörtlich übersetzen als „in gleichem Schritt mit jemandem gehen". Dabei stelle ich mich zunächst voll und ganz auf meinen Partner ein, um in einen gleichen Rhythmus mit ihm zu gelangen.

Pacing kennt viele Ebenen. Manchmal wird es auch als „Spiegeln" bezeichnet. Es ist da, wenn ich die gleiche Sprache spreche, einen ähnlichen körpersprachlichen Rhythmus finde und emotional die gleiche Schwingung aufnehme. Es ist da, wenn ich mich auf die Interessen des anderen einstelle und seine Bedürfnisse verstehe.

Diese Fähigkeiten sind für jede Tätigkeit wichtig: Für den Lehrer, für die Abteilungsleiterin, für den Verkäufer und auch für die Rolle des Ehepartners.

„Leading" ist „führen". Wenn ich mich auf den anderen eingestellt und eingestimmt habe, dann kann ich ihn auch ein Stück in eine Richtung mitnehmen. Der andere wird aber nur solange mitgehen, wie der Rapport besteht.

Leading ist kein Wundermittel, mit dem jemand einen anderen (ver)führen oder manipulieren kann. Denn in dem Moment, in dem der Handelnde einseitig seine Richtung durchzusetzen versucht, zieht sich der andere aus dem guten Kontakt zurück. Der Rapport bricht und muss wieder neu aufgebaut werden.

Beispiel:

Maria kommt gutgelaunt ins Zimmer und findet Hans im Sessel sitzend, wie er gerade deprimierenden Gedanken über das schief gegangene Projekt in seiner Abteilung nachhängt. Auf ihr munteres „Lass den Kopf doch nicht so hängen!" sagt er resigniert mit leiser, langsamer Stimme: „Mir geht es halt im Moment nicht so gut." (Kein Rapport)

Jetzt ändert Maria ihren Tonfall und ihre Lautstärke. Sie spricht jetzt leiser und langsamer (Pacing der Sprache) „An was denkst du gerade?", fragt sie. Jetzt schaut Hans auf. Er fängt an, von den Schwierigkeiten zu berichten. (Rapport wird aufgebaut)

Nach einer Minute meint Maria ermutigend: „Aber das bringst du doch wieder mit links in Ordnung!" (Versuch des Leadings)

Hans dreht sich zur Seite. Seine Stimme wird plötzlich wieder leiser, als er sagt: „Ich glaube, du verstehst nicht, wie schwierig das für mich ist." (Rapportbruch)

„Tut mir leid, wenn ich das nicht richtig aufgenommen habe", sagt jetzt Maria mit langsamer Stimme. „Erzähl mir doch bitte genauer." Während Maria die ganze Zeit vorher noch gestanden hat, setzt sie sich jetzt auf den Nachbarsessel (Pacing der Körperhaltung) und hört aufmerksam zu.

Nach einigen Minuten wird sie langsam lebhaft und erkundigt sich genau danach, was denn der nächste Schritt ist, den Hans tun muss. Sie richtet sich auf. Ihre Stimme wird etwas schneller und lebendiger (Versuch des Leadings). Hans taut jetzt ebenfalls auf, er wird munterer. Als Maria spontan lächelt (Leading), lächelt er ebenfalls. Seine Stimmung ist nun deutlich besser.

Die wichtigsten Schritte zu einer positiven Beeinflussung sind:

- 1. Rapport herstellen durch Pacing.
- 2. Dann zum Leading übergehen, den anderen ein Stück in eine Richtung mitnehmen.
- 3. Bei Rapportbruch sich wieder zurücknehmen und erneut den guten Kontakt durch Pacing aufbauen.

Repräsentationssysteme

Beispiel:

(aus dem empfehlenswerten NLP-Buch von Claus und Daniela Blickhan „Denken, Fühlen, Leben"):

Fünf Italienurlauber treffen sich und sprechen über Hotels in Neapel.

Der erste ist ganz begeistert von seinem Hotel. Das Essen war großartig und die Weine Spitzenklasse. Die Zimmer fand er okay.

Der zweite hat seinen Aufenthalt ganz anders erlebt. Er kann sich noch gut erinnern, wie schrecklich laut es in seinem Hotel war. Anscheinend wurde die ganzen Nächte um ihn herum gefeiert, so dass er nicht zum Schlafen kam. Sein Hotel war eine „Krachbude", meint er. Der dritte hat wieder gute Erfahrungen gemacht. Er hat ausgezeichnet geschlafen. Verglichen mit den üblichen italienischen Zimmern hatte er sehr viel Raum, und das Bett war äußerst bequem. Auch sonst fühlte er sich einfach wohl. Der vierte dagegen war ziemlich unzufrieden. Statt gemütlich fand er das Hotel schmuddelig. Wo man hinsah, Staub und Schmutz! Außerdem war es überall so dunkel und unübersichtlich. Nicht weiterzuempfehlen, findet er. Der fünfte schließlich meint nur: „Ich hatte einfach Pech. Mein Hotel stand in der Nähe des Fischmarktes. Dieser schreckliche Gestank. Ich hätte mir fast eine Nasenklammer gekauft!"

Die Überraschung kommt, als sich unsere Reisenden über den Namen ihres Hotels unterhalten.

Sie stellen fest, dass sie alle im gleichen Hotel „Vesuvio" gewohnt hatten![6]

Wir alle nehmen die Welt mit unseren 5 Sinnen wahr:

- wir sehen (visuell)
- wir hören (auditiv)
- wir spüren und fühlen (kinästhetisch)
- wir riechen (olfaktorisch)
- wir schmecken (gustatorisch)

Unsere Italienreisenden haben ihr Hotel unterschiedlich wahrgenommen, weil jeweils ein anderer Sinn ihre Wahrnehmung bestimmt hat. Die wichtigsten Sinne sind in unserer Kultur das Sehen, Hören und Spüren oder Fühlen. Die meisten Menschen bevorzugen einen oder zwei Sinne. Mit diesem Sinn machen sie sich ihre ganz individuelle Vorstellung von der Welt, repräsentieren sie in ihrem Innern. Was jemand von der Welt wahrnimmt und speichert, ist immer nur ein Teilbereich. Jeder formt sich so etwas wie eine persönliche „Landkarte" der Welt. Danach orientiert er sich und trifft seine Entscheidungen.

Ein sehr wichtiger Kernsatz des NLP ist: Die Landkarte ist nicht die Landschaft! („The map is not the territory.") Das heißt: Die eigene Wahrnehmung der Welt ist nicht objektiv oder „wahr". Es gibt noch viele andere – und oft bessere – Landkarten der Welt. Spannend dabei ist die Entdeckung, dass die jeweils bevorzugte Wahrnehmung an der Sprache erkennbar ist. Denn jeder verwendet besonders gern und häufig die Worte und Begriffe, die aus dem bevorzugten Sinneskanal stammen.

Beispiel:
Mitarbeiter Schmidt hat Probleme mit einem Projekt, das ihm sein Chef übertragen hat.
Schmidt: „Ich habe das Gefühl, die ganze Planung ist ungenügend."
Chef: „Also, schauen Sie mal her. Wir haben uns im Vorfeld alle möglichen Hindernisse angesehen, die sich uns in den Weg stellen könnten und festgestellt, dass unsere Aussichten glänzend sind."
Schmidt: „Ich spüre aber, dass das noch nicht genügend war."
Chef: „Sie haben wieder mal Ihre negative Brille aufgesetzt. Kein Wunder, dass Sie schwarz sehen."

Schmidt verwendet bevorzugt Worte aus dem Fühlbereich, während sein Chef eine „visuelle Sprache" hat. Schmidt und sein Chef haben unterschiedliche Auffassungen, möglicherweise wegen ihrer unterschiedlichen Wahrnehmung. Außerdem sprechen sie zwei verschiedene „Sprachen", was die Verständigung in jedem Fall erschwert.

Noch ein Beispiel:
Neutral ausgedrückt: „Ich finde Ihren Vorschlag nicht gut"
Visuelle Sprache: „Da sehe ich aber Probleme"
Auditive Sprache: „Das klingt nicht gut"
Kinästhetische Sprache: „Das fühlt sich für mich nicht gut an"

> Wir nehmen
> die Welt mit
> unseren 5 Sinnen
> wahr, was sich in der
> Sprache spiegelt

Mit NLP lernen Sie die unterschiedlichen „Sprachen" zu erkennen und zu gebrauchen. Damit erleichtern Sie den guten Kontakt zu anderen.

Augenmuster

Was jemandem gerade durch den Kopf geht, ob er z.B. innerlich Bilder sieht, Stimmen hört oder Gefühle wahrnimmt, lässt sich auch an der Stellung der Augen ablesen. Damit ist NLP zunächst am bekanntesten geworden. Denn folgende Muster gleichen sich bei vielen Menschen.

- Ve = Visuell erinnert.
Das sind Bilder, die wir in unserem Gedächtnis gespeichert haben.
- Vk = Visuell konstruiert.
Das sind Bilder, die wir entweder abgeändert (z.B. andere Perspektive) gespeichert oder vollständig neu phantasiert haben.
- Ae = Auditiv erinnert.
Das sind Töne oder Stimmen, an die wir uns erinnern.
- Ak = Auditiv konstruiert.
Das sind Töne oder Stimmen, die wir entweder abgeändert (z.B. andere Perspektive) gespeichert oder vollständig neu phantasiert haben.
- K = kinästhetisch.
Das sind Körpergefühle und Tasteindrücke.
- Ai = innerer Dialog.
Den führen wir, wenn wir mit uns selbst sprechen.

konstruiert visuell (Vk)		erinnert visuell (Ve)
konstruiert auditiv (Ak)		erinnert auditiv (Ae)
Gefühl- kinästhetisch (K)		innerer Dialog (Ai)

Fangen Sie an, mehr auf die Augenbewegungen Ihres Gegenübers zu achten! Bedenken Sie aber dabei:

- Möglicherweise hat ausgerechnet Ihr Gegenüber andere Muster als die „normal" üblichen. Sie müssen sich auf jeden Menschen individuell einstellen.
- Häufig bewegen sich nach einer Frage die Augen in viele Richtungen, weil jemand innerlich in vielen Bereichen die Antwort sucht.
- Sie können an den Augenbewegungen nur ablesen, in welchen Sinnesbereichen sich jemand bewegt, aber nicht, was er denkt. Sie können also nicht wissen, dass jemand lügt, nur weil er beispielsweise Bilder konstruiert. (Das erwähne ich ausdrücklich, weil mir ein Seminarteilnehmer erzählt hat, es gäbe Trainer, die so etwas als NLP lehrten. Das sind Trainer, vor denen ich an anderer Stelle warne.)

Wenn jemand die Augen bewegt, dann denkt er nach und es geschieht eine Menge im Gehirn. Diese Prozesse sind wichtig und nehmen einen Großteil der Aufmerksamkeit gefangen. Wenn ein anderer während dieser Zeit weiter erzählt, selbst Antworten gibt oder neue Fragen stellt, dann stört er die Prozesse des anderen. Wer gestört wird, kommt aus seiner Bahn und wird unwillig.

Nutzanwendung:
An den Augenstellungen können Sie erkennen, dass jemand denkt. Stören Sie Ihr Gegenüber nicht bei seinen Denkprozessen!

Wir machen uns dabei oft nicht klar, dass die Denkpausen des Gegenübers der Beweis dafür sind, dass wir eine gute Frage gestellt haben. Eine gute Frage eröffnet neue Denkwege und stellt alte Gedankenmuster in Frage. Um eine derartige Frage zu beantworten, braucht der Beantworter Zeit und Ruhe!

● Ankern

„Ankern" bedeutet die feste Verbindung von einem Gefühl mit einem Bild, Ton oder einer Berührung.

Das heißt, ein bestimmtes Gefühl wie Freude oder Trauer kommt automatisch hoch wenn

· ein bestimmtes Bild gesehen wird (z.B. Urlaubsfoto)
· ein bestimmtes Geräusch ertönt (z.b. Werksirene)
· eine bestimmte Körperstelle berührt wird (z.b. Schulter klopfen)

Es ist eine Koppelung von Reiz und Reaktion, ähnlich wie bei der klassischen Konditionierung. Bei der NLP-Entwicklung hat sich herausgestellt, dass häufig ein einmaliges gemeinsames Auftreten von einem Gefühl mit einem visuellen, auditiven oder kinästhetischen Reiz genügt. Ankern ist eine Technik im NLP, die dazu dient, Ressourcen in Situationen zu wecken, in denen jemand blockiert ist.

Beispiel:

Bei einer Beratung erzählt der Klient angeregt von einer Situation, in der es ihm besonders gut ging. Die Therapeutin drückt in dem Moment, als der Klient strahlt und sich freut, fest seinen Ellbogen. (Sie ankert!)

Zwei Minuten später, als das Gespräch wieder ruhiger geworden ist, drückt sie auf die gleiche Ellbogenstelle. Unwillkürlich fangen die Augen des Klienten wieder etwas zu strahlen an. Das zeigt, dass das gute Gefühl jetzt fest mit dieser Berührung verbunden, d.h. geankert ist. Als der Klient dann später von seinem Problem erzählt und die Therapeutin Ressourcen wecken will, berührt sie ihn erneut am Ellbogen. Wieder richtet sich der Klient ein Stückchen auf, die Augen entspannen sich. Während er bisher von seiner Kraft abgeschnitten war, fließt sie jetzt ein Stück mehr in diese neue Situation.

Ankern ist etwas, was „Neulinge" stark verblüfft, weil das Ergebnis so überraschend ist. Dabei ist es etwas, was ständig in unserem Alltag geschieht. Wir sind umgeben von Ankern, das heißt Auslösungsreizen für gute oder schlechte Gefühle, die uns oft automatisch die Gefühle ändern lassen.

● Reframing

„Reframing" bedeutet wörtlich übersetzt „einen neuen Rahmen geben". Das Ziel ist, durch eine neue Perspektive Verhalten, das bisher abgelehnt wurde, in neuem positiven Licht zu sehen. Damit entdecken wir im Negativen das Positive, in den Schwächen die Stärken.

Beispiel:
Zu Leslie Cameron-Bandler kam eine Klientin mit einem schlimmen Putz- und Ordnungszwang. Diese Frau rastet vor allem dann aus, wenn sie auf dem über alles geliebten Teppich immer wieder die Fußstapfen ihrer drei Kinder entdeckt. Leslie geht so vor[7]:
„Ich möchte", sagte sie zu ihr, „dass Sie die Augen schließen und Ihren Teppich vor sich sehen, und Sie sehen, dass nirgendwo auch nur ein einziger Fußabdruck ist. Er ist sauber und flauschig – ganz ohne Makel." Die Frau schloss die Augen, sie war im siebenten Himmel und lächelte verzückt. Dann sprach Leslie weiter: „Und machen Sie sich bewusst, dass das bedeutet, dass Sie vollkommen allein sind; die Menschen, für die Sie sorgen und die Sie lieben, sind nirgendwo in der Nähe." Der Gesichtsausdruck der Frau veränderte sich schlagartig; sie fühlte sich entsetzlich.
Dann fuhr Leslie fort: „Jetzt setzen Sie ein paar Fußstapfen darauf und betrachten sich diese Fußstapfen, und Sie wissen, dass die Menschen, die Ihnen in der Welt am wichtigsten sind, in Ihrer Nähe sind." Und da fühlte sich die Frau wieder gut.

Die Kunst des NLP'lers besteht darin, im Rapport mit den Ideen und Vorstellungen seines Gesprächspartners zu sein. Dann kann er, wie im Beispiel eben, behutsam eine neue konstruktive Sichtweise nahe bringen. Die Fußstapfen bleiben gleich. Aber sie sind kein Anlass zum Ärger mehr, sondern ein Grund zur Freude. (Kein Reframing ist es, wenn ich „mit einem schlauen Spruch", was alles gut an einer schlimmen Situation ist, jemanden verärgere.)

Zwei Perspektiven sind beim Reframing möglich.

Einmal verbirgt sich in jedem Fehler auch eine Stärke. Wer sich immer vordrängt, der besitzt ein gutes Durchsetzungsvermögen. Und wer sich immer schüchtern im Hintergrund versteckt, der besitzt sehr viel Rücksichtnahme gegenüber anderen.

Allerdings: In manchen Situationen ist das Vordrängen unangemessen (z.B. in einer Teamsitzung), so wie in manchen Situationen der schüchterne Aufenthalt im Hintergrund nicht angebracht ist (z.B. wenn ich denke, dass ich eine Gehaltserhöhung verdiene). Für solche Situationen muss der Betreffende etwas Neues dazulernen, nämlich: Die Qualitäten des Verhaltens, das bisher als „Fehler" abgelehnt wurde, in anderen Situationen als Stärken anzusehen.

> ein sogennanter „Fehler" ist in einer anderen Situation eine Stärke

Denn es sind wertvolle Fähigkeiten, durchsetzungsfähig oder rücksichtsvoll zu sein. Keiner muss sich ändern, aber es wird ihm das Angebot gemacht dazuzulernen. Das nehmen die meisten Menschen gerne an.

Zum anderen lässt sich ein neuer Rahmen auch mit folgender Perspektive finden: Jedes Verhalten (auch der schlimmste Fehler!) hat einen Nutzen und eine positive Absicht für die betreffende Person. Diese Absicht ist oft versteckt. Es ist gut, sie herauszufinden und sie auf sinnvollere Weise als bisher zu befriedigen.

Beispiel:

Sachbearbeiter Müller versucht in Teamsitzungen seine Meinung immer äußerst aggressiv durchzusetzen. Inzwischen mag schon keiner mehr mit ihm reden und er wird immer mehr isoliert.

Was ist die verborgene positive Absicht? Müller möchte gern positiv auffallen und Anerkennung. Was er früh in seiner Familie gelernt und später auch in der Schule erfahren hat: Dazu muss er sich vordrängen. Das ist das einzige, was er bisher gelernt hat.

Wie lässt sich die positive Absicht auf sinnvollere Weise als bisher befriedigen?

Als Müller die Aufgabe übertragen wird, die Teamsitzungen vorzubereiten, und als seine sorgfältige Arbeit von allen anerkannt wird, ist er plötzlich in den Sitzungen viel umgänglicher und offener.

1.6 Was sind Kritikpunkte an NLP?

NLP wird heute von vielen begeistert empfohlen. Mit der Zahl der Befürworter steigt auch die Zahl von Kritikern und denjenigen, die es ablehnen. Wie kommt das?

NLP-Missionare und Beutelschneider

Ablehnung wird einmal durch die NLP-Missionare verursacht. Das sind Trainer und Therapeuten (oder auch Teilnehmer nach dem ersten NLP-Seminar), die so tun oder fest daran glauben, mit NLP „den Stein der Weisen" gefunden zu haben. Endlich scheint alles erreichbar und alles machbar! Natürlich wollen sie jeden davon überzeugen und erreichen oft das Gegenteil.

Diese NLP-Marktschreier locken damit, dass sie die Wundermethode gefunden hätten, die – hopplahopp – jede Schwierigkeit auf Dauer beseitigt. Dabei können sie Teilnehmer mit einer Reihe von Techniken verblüffen, deren Ergebnisse eindrucksvoll und überzeugend sind.

So jemand wird immer sein Publikum finden, weil in vielen von uns immer noch die Sehnsucht nach dieser Wundermethode schlummert. Geschickt weckt mancher diese Sehnsucht und lockt damit.

Nur: Die Kommunikation im Alltag erfordert mehr als ein paar Techniken. Es geht um Haltungen, Einstellungen und Erfahrungen. Es ist ein lebenslanger Lernprozess und kein im Supermarkt erworbenes Fertigprodukt. Es fällt einem nicht in den Schoß. Neue Fähigkeiten erfordern Übung und Training.

Aber noch wichtiger: Sie erfordern die Integration in die eigene Persönlichkeit, in die eigenen Werte und Überzeugungen.

Bei wem Erwartungen auf ein Fertigprodukt geweckt sind, für den sind Enttäuschungen vorprogrammiert.

Wie Marylin Darling in Heft 2 der NLP-Zeitschrift MultiMind kritisch schreibt: „Eine der größten Schwächen des NLP ist meiner Meinung nach, dass Bandler und Grinder – und viele ihrer Schüler – eine entnervende Neigung dazu haben, mit ihren Aussagen zu übertreiben. Sie haben kühne und manchmal ungerechtfertigte Behauptungen aufgestellt – Phobiebehandlungen in zehn Minuten, das absolute Gehör für den Rest des Lebens usw. – und sie wiederholen mystische

Geschichten von Zeichen und Wundern...
Es ist relativ einfach, Techniken auswendig zu lernen, selbst einen besonderen Trick geschickt zu beherrschen, um andere zu beeindrucken. Doch es kostet Zeit, Anstrengung und Hingabe, um tiefsitzende Begrenzungen auf die Probe zu stellen und aufzuheben."

Das Beherrschen bestimmter Methoden und Techniken macht noch nicht zur exzellenten Führungskraft, zum exzellenten Verkäufer, zum exzellenten Trainer. Ein Schnelldurchgang mit 3 Tagen NLP-Techniken wird niemals aus dem rigiden Abteilungsleiter die offene, flexible Führungspersönlichkeit machen können. Denn es genügt nicht, wie ein perfekter Schauspieler alle die Verhaltensweisen zu studieren und zu erlernen, die die Menschen nach unseren persönlichen Wünschen beeinflussen. Damit würden wir in einem Schlaraffenland der perfekten Chefs, Mitarbeiter, Kunden und Ehepartner leben. Mancher hätte gern, dass es so funktionieren würde. Aber dem ist nicht so.

> Mit NLP Fähigkeiten erlernen, die zur erfolgreichen Kommunikation notwendig sind

Denn: Menschen lassen sich nicht auf Dauer durch angelerntes Verhalten manipulieren. Wer mit einem aufgesetzten Verhalten und irgendwelchen Tricks kommt, der kann einen anderen einmal täuschen und oft auch ein zweites oder drittes Mal. Aber dann ist der andere auf der Hut und unterscheidet, was Schauspielerei und was echt ist.

NLP selbst ist nur eine (von vielen möglichen) Beschreibung der Welt oder eine „Landkarte der Wirklichkeit". Diese Landkarte beschreibt eindeutiger, umfassender und einfacher als jede andere mir bekannte Methode die Fähigkeiten, die zur erfolgreichen Kommunikation notwendig sind.

Aber NLP ist nicht die Wirklichkeit, die viel reicher, geheimnisvoller und komplexer ist. Ein weiterer Grund, warum NLP in Misskredit gerät, ist das liebe Geld. Nachdem NLP boomt, wollen eine Menge Leute – insbesondere in Verkäuferschulungen und im Managementtraining – damit Geld verdienen. Manche sind unzureichend oder gar nicht ausgebildet, haben vielleicht nur ein oder zwei NLP-Bücher gelesen. Sie behaupten nun, sie würden NLP anwenden. Kein Wunder, dass es da manchen Laien und erst recht dem Fachmann graust!

Macht oder Kooperation?

Eine entscheidende Frage für jeden NLP-Anwender ist, was er genau von NLP will:

- Will ich meine eigenen Ziele mit List und Gewalt auf Kosten von anderen durchsetzen?
- Strebe ich danach, meine Mitmenschen auszutricksen und nach Kräften zu manipulieren?
- Will ich Techniken und Methoden kennen lernen, um jeden anderen zu verändern – nur mich selbst nicht?
- Oder habe ich erkannt, dass mich auf Dauer nur ein Verhalten befriedigt, das die Bedürfnisse und Wünsche meiner Umgebung; meiner Mitarbeiter, Kollegen, Kunden, meiner Familie einbezieht?
- Habe ich Lust, alle meine Fähigkeiten einzusetzen, um selbst alte eingefahrene Bahnen zu verlassen und andere bei ihren neuen Wegen zu unterstützen?
- Will ich mehr Macht über andere oder mehr Kooperation?

Das sind grundsätzliche Entscheidungen. Diese Entscheidungen werden einem durch NLP nicht abgenommen. Sie liegen noch vor der Anwendung von NLP. Auf den Punkt gebracht: Der Heiratsschwindler, der zur „Fortbildung" an einem NLP-Seminar teilnimmt, wird möglicherweise hinterher sein Repertoire erweitert haben und einige Frauen leichter verführen können.

Bedauerlicherweise wird heute immer wieder auch damit gelockt und geworben, mehr Macht zu erhalten und besser manipulieren zu können. Damit gerät NLP auf eine schiefe Bahn. Recht hat jeder, der es so ablehnt! Eine solche Richtung war weder bei der Entwicklung von NLP beabsichtigt, noch wird sie von den führenden Vertretern (wenigstens von den meisten) vermittelt.

Denn im gleichen Seminar, in dem unser Heiratsschwindler sitzt, lernen Lehrer, den Lehrstoff besser ihren Schülern zu vermitteln. Ehepartner verstehen besser die Reaktionen des anderen. Der „Arbeitssüchtige", der bisher eine Fülle ungelöster innerer Konflikte vor sich hergeschoben hat, fängt an, Lösungen für diese Konflikte anzupacken. Der Abteilungsleiter erfährt, wie er besser auf seine Mitarbeiter eingehen und eine noch bessere Kooperation erreichen kann. Der bisher ungeschickte Verkäufer lernt, sich besser auf seine Kunden einzustellen, ihre Sprache zu sprechen und ihre Bedürfnisse zu erfüllen.

Der NLP-Trainer oder Therapeut weckt in einem Seminar die verschütteten Ressourcen, so dass jemand mit sich selbst (und damit auch seiner Umwelt) mehr in Einklang kommt. Somit bleibt auch unser Heiratsschwindler nicht ungefährdet. Je länger er sich mit NLP befasst (wahrscheinlich genügt die 2-tägige Einführung nicht), desto stärker wird für ihn die Gefahr, dass er an grundsätzliche Probleme seiner „Berufsausübung" geführt wird. Wenn genügend seiner Ressourcen wach geworden sind, wird er sich selbst die Frage stellen und beantworten müssen, ob ihn dieser „Beruf" im tiefsten Inneren noch befriedigt. Denn seine Sensibilität und sein Einfühlungsvermögen kann er in anderen Gebieten für sich und andere befriedigender einsetzen. Im Seminar kann er dazulernen, um neue Wege einzuschlagen. NLP ist ein hochwirksames Instrument. Es dient der bessern Kommunikation und der Entwicklung des eigenen Potentials. Wer manipulieren will, wird es mit oder ohne NLP tun, mit NLP aber noch geschickter.

Wer kooperativ im Umgang mit Menschen ist, wird mit NLP mehr Möglichkeiten finden, andere Menschen zu erreichen und zu unterstützen.

1.7 Kriterien für gute NLP-Trainer und Trainerinnen

- Sie sind gründlich ausgebildet
- Sie sind realistisch – und versprechen nicht das „Blaue vom Himmel".
- Sie drücken sich verständlich aus – und verwenden keine Begriffe, die Sie nicht verstehen.
- Sie kennen sich in mehreren Methoden aus – nicht nur im NLP.
- Sie können Zweifel und Kritik an NLP vertragen – und reagieren nicht allergisch oder mit Standardantworten.
- Und auch hier gilt, unabhängig vom Können: die „Chemie" muss stimmen! Ganz gleich, wie gut jemand ist : Sie als Teilnehmer müssen mit dem jeweiligen Trainer zurecht kommen.

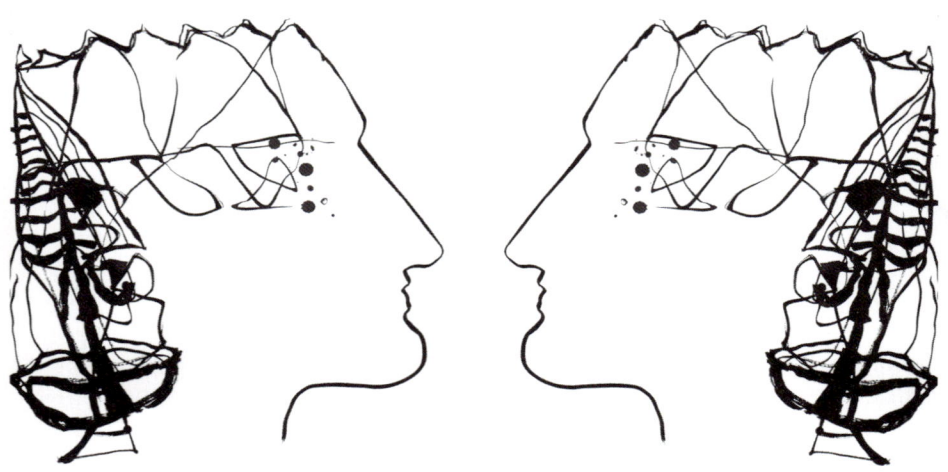

2. NLP in Coaching und Therapie

Das Ehepaar Müller streitet nur noch. Alle Versuche, ohne Streit miteinander auszukommen, scheitern.

Sie stehen kurz vor der Scheidung und wissen nicht mehr weiter.

Herr Schmidt ist Raucher. Obwohl ihm sein Arzt schon seit langem rät, damit aufzuhören, ist bisher jeder seiner Versuche gescheitert.

Herr Mauer traut sich nicht mehr auf die Straße. Seit er vor ein paar Monaten einen schweren Autounfall gehabt hat , bekommt er jedes Mal panische Angst, wenn ein Auto auf ihn zufährt. Er schafft es einfach nicht, diese Angst zu beherrschen.

Herr Schulz nimmt seit Monaten Schmerztabletten. Immer wieder hat er während des Tages plötzlich Anfälle von Kopfschmerzen. Auch bei einer gründlichen medizinischen Untersuchung konnte keine Ursache gefunden werden.

Was haben alle diese Personen gemeinsam? Weil sie nicht mehr allein weiter wussten, gingen sie zu einem Therapeuten, der mit NLP arbeitet. Sein Vorgehen richtet sich nach den Prinzipien des NLP und er verwendet dabei bestimmte Techniken. Wie einzelne Schritte ablaufen, wird im folgenden ausführlicher beschrieben.

2.1 Was ist „Therapie"?

Dem allgemeinen Verständnis nach ist derjenige, der eine Therapie macht, „seelisch krank". Seelisch krank zu sein, scheint etwas sehr Schlimmes und Gefährliches zu sein. Der Laie wirft dann noch mit Worten wie „Psychose" und „Neurose" um sich und der Eindruck entsteht, dass jemand, der zum Therapeuten geht, anormal und bedauernswert ist.

NLP-Therapeuten arbeiten mit jedem, der eine Störung persönlicher Art beseitigen möchte. Ob der Name dafür Therapie, Beratung, helfendes Gespräch oder Coaching heißt, ist unerheblich. Sie benutzen nicht den Begriff „Krankheit". Dieses Wort drängt denjenigen, der Hilfe möchte, in eine falsche Richtung und stellt seine Beschwerden in einen falschen Rahmen. Sie arbeiten mit dem Begriff „Störung".

Leute, die zum Therapeuten kommen, fühlen sich durch bestimmte Probleme oder Schwierigkeiten gestört. Sie sind unzufrieden mit etwas in ihrem persönlichen Leben und möchten das gerne ändern. Derartige Störungen kennt jeder, große und kleine. An irgendeinem Punkt des Problems kommt dann der Entschluss, Hilfe bei einem Fachmann für das Problem-Lösen zu suchen. Nicht, weil man krank ist, sondern einfach, weil es zu mühsam geworden ist, sich mit den Schwierigkeiten allein herumzuschlagen.

Schwierigkeiten und Probleme lassen sich grob in zwei Bereiche unterteilen:

Schwierigkeiten
mit anderen
und mit
sich selbst

Da sind einmal die Störungen im zwischenmenschlichen Bereich. Jemand eckt beispielsweise ständig an, immer wieder stößt er sich die Nase blutig. Er kann das Kämpfen und Streiten mit anderen einfach nicht lassen. Dabei ist er selbst mit seinem Verhalten unglücklich und unzufrieden.

Ein anderer hat mit seinen Mitmenschen genau die entgegengesetzten Schwierigkeiten: Streit kann er auf den Tod nicht ausstehen. Er kann nicht „nein" sagen, wenn jemand höflich mit einer Bitte kommt. Jeder sieht seine Hilfsbereitschaft als selbstverständlich und nimmt sie gern an. Der Hilfsbereite selber stresst sich und reibt sich auf, um allen Wünschen gerecht zu werden. Er fühlt sich inzwischen nicht mehr wohl dabei, aber er weiß einfach keinen Weg, sich anders zu verhalten.

Andere Schwierigkeiten kommen stärker aus dem Betroffenen selbst, aus seinem innerseelischen Bereich. Jemand ist ständig depressiv, wälzt den ganzen Tag selbstquälerische Gedanken, ohne dass eine äußere Ursache zu erkennen ist. Ein anderer leidet daran, dass er sich nicht zugestehen kann, Fehler zu machen. Sein ganzes Streben geht danach, perfekt zu sein und besser zu sein als die Konkurrenten. Auf Dauer ist das sehr stressig – der Herzinfarkt ist quasi eine natürliche Folge. Auch wenn jemand die Ursachen in sich selbst erkennt, schafft er es oft nicht von allein, aus diesem Teufelskreis herauszukommen. Denn die Antreiber sind ja in ihm. Der Versuch, mit Selbstbeherrschung und Willenskraft diesen inneren Stimmen zuleibe zu rücken, fruchtet oft nicht. NLP ist eine Kurzzeittherapie. Die Therapie beschränkt sich auf eine geringe Anzahl von Sitzungen. Hin und wieder reicht eine einzige Sitzung, in anderen Fällen sind es bis zu zwanzig

Sitzungen, selten mehr als das. Auf diese Weise hat der Therapeut nicht den jahrelangen intensiven Kontakt mit dem Klienten wie in anderen Therapie-Richtungen. Die Verantwortung für die Lebensführung bleibt ganz beim Klienten. Er braucht keine jahrelange Betreuung und Unterstützung durch seinen Therapeuten.

Stattdessen ist das Ziel, in wenigen Sitzungen zum Kern einer Störung vorzudringen. Der Klient hat ein konkretes Anliegen und er weiß am besten, wann sein Problem beseitigt ist. Da der Therapeut ihm eine schnelle Hilfe versprochen hat, sieht er nach kurzer Zeit, ob ihm auch wirklich erfolgreich geholfen wird. Denn durch die direkte Arbeit mit der Störung sollte jede Sitzung eine Entlastung bringen und sofort hilfreich sein.

Noch ein anderer Grundsatz schützt die Freiheit und Würde desjenigen, der zum Therapeuten geht. NLP kennt nicht den Begriff des Widerstands. Widerstand ist in vielen Therapie-Richtungen eine Erklärung dafür, dass die Therapie nicht weiter geht. Man sagt dann gerne, der Klient blockiere und arbeite gegen eine Veränderung. Dem Klienten wird also die Schuld daran gegeben, dass der Therapeut ihm nicht helfen kann.

NLP sieht in dem Wort „Widerstand" lediglich eine Entschuldigung für Therapeuten, wenn sie nicht mehr weiter wissen. Denn es gibt keine unfähigen Klienten, wohl aber unfähige Therapeuten. Unfähig sind Therapeuten, die nicht in der Lage sind, jemand mit einem bestimmten Problem zu helfen. Das liegt dann nicht am Klienten. Der Therapeut hat eben (noch) nicht genügend Fähigkeiten, um dieser Situation gewachsen zu sein.

2.2 Mit welchen Methoden arbeitet der Therapeut?

Wenn eine Methode schnell und effektiv ist, außerdem für alle möglichen verschiedenen Störungen nützlich sein will, müssen weit reichende Grundlagen gegeben sein. Nur dann ist ein derartiger Anspruch einzulösen. Das wichtigste Instrument ist auch bei NLP – wie wohl in jeder anderen Therapie auch – die Person des Therapeuten. Außer menschlicher Reife und Lebenserfahrung braucht der Therapeut all die Basis-Fähigkeiten, die schon beschrieben worden sind. Er baut durch PACING den RAPPORT mit dem Klienten auf, er spricht dessen Sprache und lernt, die Welt des anderen zu verstehen. Nur so kann er den richtigen Weg finden und die richtigen Techniken anwenden, um den anderen bei seiner Lösung zu unterstützen. Bei seiner Arbeit baut der Therapeut auf einige wichtige Grundlagen auf, die im folgenden beschrieben werden.

2.3 Orientierung auf das Ziel hin

NLP schaut nicht zurück, sondern orientiert sich nach dem Ziel.

Der NLP-Therapeut richtet seine ganze Aufmerksamkeit auf das Ziel. Das Ziel ist die Lösung, die sich jemand für sein Problem wünscht. Nicht der Therapeut bestimmt das Ziel, sondern der Klient! Viele andere Therapie-Richtungen versuchen, erst die Ursachen für ein Problem herauszufinden. Erst wenn sie die Ursachen analysiert haben, glauben sie, auch Wege zur Lösung zu wissen. Das Gleiche geschieht auch im Alltag: Wenn es jemandem schlecht geht, beschäftigt er sich meist damit, warum es ihm schlecht geht. Dabei findet er dann meist genügend Gründe für seinen Zustand. Aber deshalb geht es ihm immer noch nicht besser!

NLP hat einen entgegengesetzten Ansatz. Der Therapeut schaut nicht zurück zu den Ursachen, sondern nach vorne zu dem Verhalten, das der Klient anstrebt. Das sucht er dann schnell und effektiv zu erreichen. Denn: Mit dem neuen Verhalten sind auch die alten Probleme beseitigt. Die erste Frage ist deshalb: Was soll das Ziel sein? Wie möchte er denn, dass es ihm geht – in möglichst präziser, plastischer Beschreibung? Nimmt man diese Frage ernst und beantwortet sie konsequent, bringt das erstaunliche Ergebnisse. Zunächst fällt auf, dass oft jemand gar nicht genau weiß, welchen Zielzustand er anstelle seines bisherigen Problems will.

Das Ehepaar Müller streitet sich seit Beginn seiner Ehe. Bei den kleinsten Kleinigkeiten gehen beide aufeinander los. Gerade wenn sie andere, glücklichere Paare sehen, spüren sie, wie unerträglich der jetzige Zustand ist.

Auf die Frage, was sie wollen, antworten sie: „Alles lieber als das. Wir möchten endlich aufhören, ständig zu streiten!" Und stattdessen? „Ja, eben nicht mehr streiten!" Aber was denn wirklich stattdessen? Wie sieht das präzise und plastisch aus? Wie wollen sie miteinander umgehen? Wie könnte das aussehen? Welches sind die unterschiedlichen Vorstellungen und Erwartungen? Liegt da nicht schon wieder genug Konfliktstoff, um weiterzustreiten? Können sie überhaupt ohne Streit einen Konflikt lösen?

Wenn beide ernsthaft an die Beantwortung dieser Fragen gehen, stoßen sie schnell auf Schwierigkeiten. Sie können sich ein Leben ohne Streit gar nicht mehr vorstellen. Der erste Schritt, präzise zu formulieren, was sie als Ziel wollen, setzt häufig schon einen Prozess zur Problemlösung in Gang.

Dazu kommt eine weitere Bedingung für eine präzise Zielformulierung im Sinn des NLP. Das Ziel muss von Klienten allein erreicht werden können, d.h. unabhängig von der Mitwirkung anderer. Denn jeder soll für eine Veränderung immer bei sich selbst anfangen, nie beim anderen. Damit ist ein weiterer Stolperdraht für viele gewünschten Problemlösungen gespannt. Denn häufig machen wir uns in unseren Zielen von anderen abhängig. „Mein Ziel ist, dass der andere sich ändert." So heißt es ausdrücklich oder versteckt. Fragen wir Ehepaar Müller, wird jeder sagen: „Also, ich streite nur, weil der andere streitet. Würde der aufhören – ich wäre auf der Stelle friedlich!" Ein unabhängig formuliertes Ziel müsste für jeden friedliebenden (aber immer wieder streitenden) Partner so aussehen, dass er sich überlegt, wie er friedlich bleiben kann, auch wenn ihn der andere mit Bemerkungen reizt und ärgert.

Mit einem derartigen klaren, präzise formulierten Ziel ist in vielen Fällen schon ein entscheidender Schritt getan.

Die letzte Hürde, die zur Zielfindung zu nehmen ist, ist die Frage der Ökologie. Ökologie bedeutet hier, dass ein ausbalanciertes Gleichgewicht oder System besteht, wie sich ein Mensch verhält. Änderungen nur in eine Richtung stören dieses Gleichgewicht und werden deshalb vom System nach Möglichkeit verhindert. Es gilt also, Änderungen zu finden, die allen Bedürfnissen gerecht werden.

NLP geht davon aus, dass jedes Verhalten für den Betreffenden sinnvoll ist. Auch wenn ein Verhalten nach außen hin noch so unsinnig, verrückt oder sogar selbstzerstörerisch scheint, bringt es dem Handelnden einen – meist verborgenen – Nutzen. In vielen Fällen ist sich der Betroffene selber nicht klar, welchen Nutzen er davon hat. Solange er den Nutzen nicht sieht, wird sein Kampf gegen das Verhalten selten von Erfolg gekrönt werden.

Jedes störende
Verhalten
verbirgt
auch
einen Nutzen!

Nehmen wir das Beispiel des Rauchers Schmidt, der sich zum wiederholten Mal das Rauchen abgewöhnen wollte. Gründe gegen das Rauchen hat er genug auf der Hand: Rauchen ruiniert seine Lunge, die Zähne werden gelb und man stinkt und außerdem ist es teuer. So fasst er sich dann auch einen Vorsatz nach dem anderen, ohne dass es ihm gelingt, dieses sinnlose Verhalten aufzugeben. Was könnte alles ein verborgener Nutzen für ihn sein? Er raucht gern, wenn er nervös ist, es beruhigt ihn. Rauchen erlaubt es ihm außerdem, eine kleine Pause ganz legitim einzulegen. Und dann genießt er den Kontakt mit anderen Rauchern (PACING!). Von seiner Kindheit her hat er Rauchen als besonders männlich und eindrucksvoll im Hinterkopf. Und das alles soll er aufgeben, ohne einen entsprechenden Gegenwert?!

Der Blick sucht nach dem verborgenen Nutzen eines störenden Verhaltens. Die Frage ist: Was musst du aufgeben, wenn du dein neues Verhalten verwirklichst? Was ist der Preis? Und – willst du diesen Preis bezahlen? Vielleicht ist bei dem streitenden Ehepaar Müller im Untergrund ein Machtkampf im Gang, bei dem jeder von beiden zeigen will, dass er der Stärkere oder Intelligentere ist. Diesen Anspruch müssen beide aufgeben, wenn sie friedlich miteinander leben wollen. Das ist bestimmt nicht leicht, denn bisher haben sie ja sehr viel Kraft und Energie in das Besser-sein-als-der-andere investiert.
Bei der Frage, ob jemand den Preis bezahlen will, entscheiden sich viele, ein bisheriges Ziel, das ihnen immer als Traum vorgeschwebt ist, aufzugeben oder zu ändern. Auch dieser Schritt ist wichtig. Gerade das Aufgeben von alten Träumen und Zielen hilft dazu, die eigene Energie für realistische Wünsche einzusetzen.

Der Therapeut unterstützt in dieser Phase den Klienten bei der Formulierung seines Ziels. Das ist manchmal ein hartes Stück Arbeit, denn Klienten sind manchmal wie glitschige Fische, die sich nicht festhalten lassen wollen. Plötzlich müssen sie Entscheidungen fällen, für welches Ziel sie sich entscheiden und welche sie aufgeben wollen. Und das Aufgeben von alten Träumen ist immer schmerzhaft.

2.4 Flexibilität

Alle Techniken des NLP zielen in die gleiche Richtung: Durch sie soll der Klient lernen, sich in Zukunft flexibler zu verhalten.

Jemand mit einem Problem steckt wie in einer Sackgasse. Er steht vor einer Mauer, sieht nur diese Mauer und alles in ihm sagt, dass da sein Weg weitergeht. Genau das ist aber unmöglich und so steht er und weiß nicht weiter. Der Weg, so wie er ihn gern gehen möchte, ist versperrt. Mit einer gewissen Sturheit wartet er oder er rennt mit dem Kopf gegen die Mauer, um durchzukommen.

Wie kommt es dann, dass jemand sich nicht einfach umdreht, die Sackgasse verlässt und einen anderen Weg einschlägt? Ein Hauptgrund, um in einer solchen Sackgasse gefangen zu sein, ist der: Wichtige Informationen werden ausgeklammert und nicht mehr wahrgenommen. Der Betreffende schaut sich nicht mehr um, um neue Wege und Lösungen zu finden. Er nimmt nicht den nötigen Abstand, um Überblick zu bekommen. Viele wichtige Informationen über andere Ausgänge entgehen ihm so. Stattdessen steht er dicht vor seiner Mauer, hartnäckig entschlossen, nicht aufzugeben. Die Sackgasse wird für ihn zum Käfig.

Ein Schwerpunkt der ersten Forschungen im NLP war es, zu untersuchen, welche Informationen jemand aufnimmt und welche nicht. Wir gebrauchen unsere drei wichtigsten Sinne (Sehen, Hören, Spüren) unterschiedlich: Es gibt Menschen, die sehr einseitig nur aus einem oder zwei dieser Bereiche Informationen aufnehmen. Damit geraten sie sehr leicht in derartige Sackgassen, denn mit einseitigen Informationen verlieren sie ihre Flexibilität.

Wenn beispielsweise jemand nur mit den Augen Informationen aufnimmt, dann verliert er immer mehr den Kontakt zu seinen Gefühlen. Ihm geht eine wesentliche Quelle von Wahrnehmungen zur Entscheidungshilfe verloren. Er spürt bestimmte Lösungen einfach nicht. Ein anderer sieht nichts von seiner Umwelt. Er fühlt nur und bleibt eingeschlossen in seinen Gefühlen. So sieht er nicht, wie Leute auf ihn reagieren und welche Gefühle sich in ihren Gesichtern zeigen.

Stattdessen orientiert er sich an seinen Gefühlen, deren Wurzeln oft bis in die Kindheit zurückreichen und seinem aktuellen Leben nicht mehr angemessen sind. In seinem eigenen Innenleben dreht er sich wie im Kreis. Den Zugang zur Realität über das Sehen hat er verloren.

Je mehr jemand die gegenwärtige Welt um sich herum wahrnimmt, desto mehr löst er sich aus alten Programmen. Er wird angemessener und flexibler reagieren. Und je flexibler er ist, desto mehr Wahlmöglichkeiten hat er, um sich selbst den Weg aus Sackgassen zu suchen.

2.5 RESSOURCEN wecken

Die Grundannahme des NLP ist, dass jeder alle Kräfte, Fähigkeiten und Erfahrungen (RESSOURCEN) hat, um sein Leben erfolgreich zu bewältigen. Denn die meisten Menschen unterscheiden sich nicht so sehr in den Anlagen und Möglichkeiten, wohl aber in dem, was sie aus ihren Möglichkeiten machen. Um die erwünschten Ziele zu erreichen, gilt es, die eigenen Kräfte zu wecken und in die kritischen Situationen hineinzubringen.

Manager Müller ist im totalen Stress. Aktenberge türmen sich auf seinem Schreibtisch. Angespannt und angestrengt macht er sich an die Arbeit, den Berg zu bewältigen. Jeden Abend kommt er abgekämpft und unzufrieden vom Büro nach Hause. Er fühlt sich körperlich geschafft und überbeansprucht. Die Arbeitskollegen und die Familie beginnen unter ihm zu leiden. – Der gleiche Müller hat als Hobby das Bergsteigen. In seinem Urlaub sucht er die schwierigsten Alpentouren heraus und geht bis an die Grenzen seiner körperlichen Leistungsfähigkeit. Jeden Abend ist er erschöpft, aber ausgeglichen und zufrieden. Gut erholt, mit neuem Schwung kommt er aus dem Urlaub zurück.

Zwei Berge, die Müller zu bewältigen hat: Zuhause die Akten, im Urlaub die Alpen. Die Anstrengung ist die gleiche. Was macht den Unterschied?

Die Alpen erlebt Müller als persönliche Herausforderung, auf deren Bewältigung er stolz ist. Er spürt die eigenen Kräfte und hat Spaß daran. Diese Einstellung fehlt Müller, wenn er vor seinem Aktenberg steht. Der entscheidende

Schritt wäre es, die Einstellung Spaß an der Herausforderung von den Alpen auf die Akten zu übertragen. Dann wird aus der mühseligen, widerwillig vorgenommenen Aktenerledigung plötzlich eine befriedigende Aufgabe, deren rasche Erledigung das eigene Können zeigt. NLP hat Techniken entwickelt, solche Einstellungen aus der ursprünglichen Situation herauszulösen und in andere Situationen hinüberzunehmen (COLLAPSING ANCHORS). Mit Hilfe von Entspannungszuständen, bildhaften und körperlichen Übungen gelingt es, positive Kräfte in die negativen blockierten Situationen hineinfließen zu lassen und sie dadurch zu verändern. Diese Technik wird im folgenden Beispiel angewendet. Der Klient sucht Hilfe, weil er jedes Mal Herzklopfen und Schweißausbrüche bekommt, wenn er zu seinem Chef gerufen wird.

Therapeut: „Erinnern Sie sich an eine Situation, in der Sie ganz und gar sicher und ruhig waren. Eine von den ganz seltenen Ausnahmesituationen, die aber jeder ab und zu erlebt. Erleben Sie die Situation noch einmal, als wäre sie jetzt gegenwärtig und nehmen Sie die gleiche Körperhaltung ein."

Wie zu innerer Ruhe und Sicherheit finden?

Der Therapeut beobachtet die kleinen Veränderungen, die jetzt beim Klienten, im Blick, in der Haltung, im Gang, beim Atmen usw. Er sucht dabei nach einer besonders wichtigen körperlichen Veränderung. In dem Moment, als der Klient sich ganz sicher und ruhig fühlt, lässt er die Schultern sinken und atmet tief aus. Diese Bewegung wiederholt er nun auf Anweisung des Therapeuten bewusst mehrmals und beobachtet die positive Wirkung, die sie auf ihn hat.

Im nächsten Schritt stellt der Klient sich eine Begegnung mit seinem Chef vor und bei dieser Vorstellung lässt er die Schultern sinken und atmet tief aus. Die Sicherheit und Ruhe aus der Bewegung fließt plötzlich in die belastende Situation. Der Klient kommt in Kontakt mit seinen RESSOURCEN und findet in der Phantasie erfolgreiche neue Verhaltensmöglichkeiten.

Diese Bewegung hilft ihm auch in der Zukunft, wenn er seinem Chef gegenübertritt. Er kann sich sozusagen am eigenen Schopf aus dem Sumpf ziehen.

2.6 Programme des Gehirns

Jeder Mensch nimmt mit seinen Sinnen die Umwelt wahr. Er sieht, hört, spürt, riecht usw., was sich um ihn herum äußerlich abspielt. Daneben laufen aber auch „in dem Kopf" Vorgänge ab, die wahrnehmbar sind. Man erinnert sich an seine Lieblingsmusik, sieht innerlich das Bild seines Urlaubsortes oder stellt sich vor, wie angenehm es ist, das warme Wasser in der Badewanne zu spüren. Jeder sieht innere Bilder und hört innere Töne, Stimmen, Musik usw. Das sind entweder wirklich erlebte Erinnerungen oder konstruierte Phantasien.

> Mit
> ausgefeilten
> Techniken
> die inneren Bilder
> verändern!

Viele alltägliche Reaktionen lassen sich durch die Aufschlüsselung der inneren Prozesse verstehen, aber auch beeinflussen. Wie kommt es beispielsweise zur Eifersucht? Was verbirgt sich an inneren Vorgängen hinter diesem Gefühl? Ein häufiger Weg ist: Jemand stellt seine(n) Partner(in) mit dem Nebenbuhler vor. Genauer gesagt, er konstruiert bildlich eine derartige Situation, wie sie sein könnte. Diese inneren Bilder schaut er sich an – und beim Ansehen empfindet er dann Eifersucht. Diese inneren Vorgänge geschehen im Alltag blitzschnell und werden oft nicht bewusst registriert. Was bleibt, sind die entstandenen Gefühle. Mit Unterstützung des Therapeuten, Aufmerksamkeit und Geduld lassen diese Vorgänge sich jedoch bewusst machen.

Sexuelle Störungen rühren meist daher, dass innere Bilder und Stimmen das angenehme Gefühl des Körperkontaktes und die aufkommende Erregung stören. Während der Mann vielleicht die Stimme seines Vaters hören mag: „Komm, Junge, streng dich mehr an!", hört seine Partnerin zur gleichen Zeit ihre Mutter: „Also, anständige Mädchen tun so etwas nicht." Diese inneren Vorgänge hemmen die Sensibilität und verhindern das Aufgehen in körperlichen Empfindungen. Sexuelle Störungen sind die Folge.

NLP-Forscher haben danach gesucht, wie sich derartige innere Bilder und Stimmen beeinflussen lassen. Die überraschende Entdeckung war, dass der Einzelne viel mehr Herr seiner inneren Wahrnehmung ist, als jemals zuvor vermutet worden war. Innere Bilder lassen sich in all ihren Eigenschaften relativ leicht verändern. So kann jemand, der normalerweise immer schwarz sieht, plötzlich entdecken, wie viel er sich besser fühlt, wenn seine inneren Bilder farbig und lebendig geworden sind.

Eine der elegantesten und wirkungsvollsten Techniken des NLP wird angewendet, wenn jemand ständig von schlimmen Erinnerungen geplagt wird oder starke Ängste in bestimmten Situationen hat (Flugangst, Platzangst, Angst vor Spinnen, Hunden usw.).

Viele Leute haben irgendeine solche Angst, die sie meist möglichst verstecken, die aber ihr Leben beeinträchtigt und stört. Manche Ängste rühren aus schlimmen Erinnerungen aus der Vergangenheit (man denke nur an Flugzeugentführungen, Folterungen, Überfälle, Vergewaltigungen), manche reichen bis in die Kindheit zurück, ohne dass noch eine präzise Erinnerung vorhanden ist.

Herr Maier beispielsweise hat ein paar Monate zuvor einen schweren Autounfall gehabt und seitdem bekommt er jedes Mal, wenn er auf die Straße geht, panische Angst.

Sein Therapeut wendet eine ausgefeilte und präzise Technik an.
Denn die Struktur derartiger Ängste ist immer gleich:

- 1. Schritt: Der Betreffende nimmt einen äußeren Reiz wahr. Bei Herrn Maier: Er sieht ein Auto auf sich zu fahren.

- 2. Schritt: Der äußere Reiz ruft eine Reihe innerer Reize hervor, die mit dem traumatischen Erlebnis zu tun haben. Bei Herrn Maier: Vor seinem inneren Auge taucht das Bild eines Autos auf, das den Unfall verursacht hat, genau in dem Moment, wie es auf ihn zu fährt.

- 3. Schritt: Mit dieser erinnerten Wahrnehmung sind Ängste, Panik usw. gekoppelt und treten sofort auf. Bei Herrn Maier: Er wird von den Gefühlen überflutet, die er beim Unfall erlebt hat, nämlich von Angst und Panik.

Mit der Phobie-Technik werden die alten Erinnerungen noch einmal hergeholt, wobei der Therapeut dafür sorgt, dass ein innerer Abstand zu den inneren Bildern entsteht. Der Abstand wird dadurch erreicht, dass der Klient die inneren Bilder so weit verändert, bis er sie angstfrei anschauen kann. Dadurch lernt der

Klient, sich von seinen damaligen Gefühlen freizumachen. Die Erinnerungen werden immer mehr der Realität angenähert, ohne dass die Gefühle von Angst und Panik auftreten. Ist dieser Prozess einige Male durchlaufen, ist die Entkoppelung der inneren Bilder von den schlimmen Gefühlen geschehen. Die Ängste sind beseitigt.

2.7 Die Kräfte des Unbewussten

Der Mensch ist weit mehr als sein Verstand. Sinnvoll ist es, in eine ganzheitliche Arbeit das Unterbewusste mit einzubeziehen.

Was ist das Unbewusste?

Neben unserem Bewusstsein, dem, was wir bewusst wissen, wünschen und planen, wirken andere innere Anteile. Jeder hat das schon erlebt, wenn er sich eine schlechte Angewohnheit abgewöhnen wollte. Die guten Vorsätze waren alle vergebens, weil irgendwelche geheimen Gegenkräfte sich in den Weg stellten. Oder ein anderes Beispiel: Jemand sammelt konsequent und systematisch alle Fakten, um eine wohlüberlegte Entscheidung zu treffen – und plötzlich, unerwartet, entscheidet er ganz anders als bei vernünftiger Abwägung.

Unbewusste Gegenkräfte zu Verbündeten machen!

Hier sind auch die psychosomatischen Krankheiten anzusiedeln, körperliche Beschwerden und Störungen, die seelische Mitursachen haben. Das Unbewusste zeigt mit der Krankheit, dass Teile der Lebensführung nicht in Ordnung sind. Jemand, der ständig seinen Ärger hinunterschluckt, bekommt vielleicht ein Magengeschwür, während beim Manager mit dem Dauerstress plötzlich das Herz nicht mehr mitmacht.

Im Alltag werden diese nicht bewussten Teile als Feind oder Saboteur betrachtet, den es zu bekämpfen gilt.

Man nehme nur das oben erwähnte Beispiel des Rauchers Schmidt. Damit wird die eigene Kraft in den Kampf mit sich selbst verwirklicht und geht verloren für die konstruktive Lösung von Problemen.

Der positive Ansatz des NLP zielt dahin, dass alle Kräfte in die gleiche Richtung wirken. Auch das Unbewusste will unser Bestes – nur oft mit falschen Mitteln, da es noch an überholten Vorstellungen aus unserer Vergangenheit festhält.

Die unbewussten Gegenkräfte sollen zu Verbündeten gemacht und die Fähigkeiten des Unbewussten genutzt werden.

Nehmen wir als Beispiel den Klienten Schulz, der stets Kopfschmerzen bekommt und dafür Hilfe beim Therapeuten sucht. Der Therapeut hilft dem Klienten dazu, sich tief zu entspannen. Dann wendet er sich direkt an den Teil des Unbewussten, der für die Kopfschmerzen verantwortlich ist. In der Entspannung findet der Klient leichter Zugang zu diesen unbewussten Vorgängen und für ihn selbst unerwartet tauchen Antworten und Einsichten in ihm auf. So ergibt sich als Antwort, dass ein unbewusster Teil den Klienten vor Arbeitsüberlastung schützen will. Immer, wenn zuviel Arbeit auf dem Schreibtisch angelangt ist, bekommt er Kopfschmerzen. Mit diesen Schmerzen (wirkliche und keine eingebildeten!) muss er die Arbeit erst einmal liegen lassen. Ist die positive Absicht, die das Unbewusste hat (Schulz zu schützen), bekannt, werden mit Hilfe der gleichen tieferen Schichten neue Möglichkeiten gesucht, diese schützende Absicht genauso gut oder sinnvoller zu erfüllen. So ist es möglicherweise ein sinnvoller Weg für Schulz, sich rechtzeitig eine Ruhepause zu gönnen oder in Zukunft „nein" zu sagen, wenn die Kollegen die eigene Arbeit auf ihn abladen wollen.

2.8 Zusammenfassung

NLP ist vielfältig. BANDLER und GRINDER hatten nach eigener Aussage nie die Absicht, eine therapeutische Schule zu gründen, sondern sie wollten nur zeigen, auf welche Weise alle Therapie-Richtungen bei der Veränderung helfen. Ihr Ziel war es, pragmatisch das Wesentliche aus den unterschiedlichen Richtungen herauszufiltern.

Seit diesen ersten Anfängen präsentiert NLP sich als eine erstaunliche Mischung aus Techniken der verschiedenen Therapie-Richtungen, aus eigenen Entdeckungen, aus alten und neuen gedanklichen Konzepten. So ist trotz der ursprünglichen Absicht aus NLP eine eigenständige Richtung geworden, wenn auch offen gegenüber allen anderen Richtungen. Für Korrekturen und Verbesserungen ist das System offen.

Inzwischen erstreckt sich das Anwendungsfeld weit über die Therapie hinaus. Überall da, wo es um Kommunikation und Verständigung geht – von der Schule über den Verkauf bis zum Management -, sind die Ergebnisse anwendbar. Hier tut sich ein weites Feld auf, die Entdeckungen des NLP nutzbar und fruchtbar zu machen.

Nicht zuletzt aber geben die Ansätze jedem einzelnen Anregungen, sich selbst besser zu erkennen und zu verstehen. Er entdeckt, wie verschiedenartig jeder Mensch seine ganz persönliche Art gefunden hat, die Welt zu sehen und zu erleben. Und damit wächst die Neugier, mit der Welt des anderen Kontakt aufzunehmen, sie verstehen zu lernen und so die eigene Welt zu erweitern.

3. NLP im Management Claus Blickhan

Dieses Kapitel soll erste Möglichkeiten aufzeigen, wie man durch (Selbst-)Training im Sinne des NLP lernen könnte, besser mit anderen (und sich selbst) auszukommen.

3.1 Grundlagen des NLP

Im folgenden soll gezeigt werden, welche Ansätze das NLP dem bieten kann, der möglicherweise bereit wäre, sich (z.B. in einem Training) näher damit zu befassen. Solche NLP-Seminare können Führungskräften genauso helfen wie allen, die regelmäßig mit (sich und anderen) Menschen umgehen müssen.

3.1.1 Ganzheitlicher Ansatz

Über die mannigfaltigen Prozesse des Wahrnehmens, Erlebens der Wirklichkeit bzw. wie wir unser Verhalten und damit unser Leben gestalten, sind durch NLP ganz wesentliche Dinge entdeckt worden. Das gilt besonders in bezug auf die Zusammenhänge zwischen den einzelnen Prozessen. Der Name NLP zeigt schon, dass ein Schlüssel zu Verhalten im Zusammenhang von neurophysiologischen und sprachlichen Vorgängen zu suchen ist. Neuere Entwicklungen haben noch viel Wesentlicheres über Denk- und Lernprozesse, Verhaltensstrategien und Kommunikationsgewohnheiten aufgedeckt. Damit steht im NLP ein umfangreicher und anwendungsorientierter Schatz von Erfahrungen zur Verfügung, der anders als viele andere grundwissenschaftliche Forschungen immer den Grundzusammenhang berücksichtigt.

Mit NLP können wir z.B. herausfinden, wie jemand durch Sprache seine Wahrnehmung ausdrückt.

Wahrnehmen

Gefühl

Denken

Körpersprache

Sprechen

Handeln

Übung

Stellen Sie sich bitte einmal eine Feder bildlich vor.

STOP!

Und nun: An was für eine Feder haben Sie gedacht?

Eine Vogelfeder?

Eine Stahlfeder, Blattfeder, Spiralfeder?

An eine Schreibfeder?

Das einfache Experiment[8] zeigt: Wir haben zu einem bestimmten Wort in einer bestimmten Situation eine ganz bestimmte Vorstellung – und diese stimmt nicht mit der Vorstellung anderer überein. Jeder hat sein ganz persönliches „Bild": Auch wenn Sie (so wie ich) an eine Vogelfeder gedacht haben: War es eine große, kleine, bunte, weiße, strähnige, flaumige? Wir können zwar sprachlich immer genauer werden, um möglichst konkret einen Gedanken, eine Erinnerung genau zu beschreiben. Dass es nie ganz genau die Vorstellung des anderen treffen kann, hat einen einfachen Grund: Um den Begriff „Feder" denken zu können, wird er mit einer konkreten Vorstellung verbunden. Diese Vorstellung hängt von den Federn ab, die ich schon gesehen habe, und von dem allgemeinen Bild, das ich mir daraufhin mache. So sind diese inneren Vorstellungen oft sehr unterschiedlich.

3.1.2 Jeder ist einzigartig

So kommen wir zu einem sehr wichtigen Punkt: Es gibt viele Unterschiede zwischen den Menschen. Das mag banal klingen. Aber die Praxis im Betrieb zeigt, dass die Leute oft anders miteinander umgehen. Sie gehen davon aus, dass die anderen ebenso wahrnehmen, denken, fühlen und reagieren wie sie selbst. Diese Annahme trifft in der Regel eben nicht zu. Sie sind dann völlig erstaunt, wenn jemand anders reagiert, als Sie es vielleicht erwartet haben. Die unterschiedlichen Verarbeitungsstrategien hängen von den verschiedenen persönlichen Erfahrungen ab. Da keiner exakt dieselbe Geschichte hat, reagiert keiner „exakt so".

Das Wichtigste, was jemand aus NLP-Trainings mitnimmt, ist vielleicht die Erkenntnis von der Einzigartigkeit jeder Person. Auf den ersten Blick scheint das ein krasser Widerspruch zu dem Namen NLP zu sein, denn „Programmieren" klingt so nach Uniformität und Automaten, Robotern und Gleichförmigkeit. Das ist ein Missverständnis, das Außenstehenden bei der ersten Begegnung mit diesem Wort unterläuft.

3.1.3 Was heißt „Programm"?

Programm heißt hier nicht: unveränderliche Steuerung, die jemand fest installiert hat. Es heißt vielmehr, wie unser Beispiel oben gezeigt hat, dass jeder seine Art und Weise entwickelt, wie er seine Erfahrungen aufnimmt, sammelt und verdichtet. Sie kann ähnlich sein wie bei vielen anderen, ist aber in ihrer ganz konkreten Ausgestaltung einzigartig.

NLP belegt und betont die Einzigartigkeit, welche die Programme jedes einzelnen haben: was jemand wahrnimmt, was jemand wichtig nimmt, wie jemand zu Entscheidungen kommt. Das heißt konkret: Jeder Mitarbeiter, jeder Vorgesetzte und jeder Kollege ist anders und muss in seiner Einzigartigkeit erfahren werden.

Mit den Methoden des NLP können wir die Abläufe der Programme nachverfolgen und individuell aufzeigen. Geht denn das? Ja, aber nur, wenn Sie Ihre eigene Wahrnehmung immer weiter schärfen. Dafür muss sie auf den jeweiligen Partner ausgerichtet und geeicht – „kalibriert" – werden. Die Offenheit, auch Phänomene zu entdecken, die ich noch nicht kenne, kann hier helfen. Die Aufmerksamkeit ist auf den Partner gerichtet, nicht auf die Kategorien, in die ich ihn hineinpressen will. Vielmehr werde ich meine Kategorien dem Partner anpassen, um ihm gerecht zu werden. Jedes vorgegebene Konzept ist wie eine Schublade, in die alles eingeordnet wird. Und es gehen sehr viele verschiedenartige Dinge in die gleiche Schublade. Die Unterschiede sind oft sehr fein, aber wichtig. Beispielsweise kratzt sich Ihr Geschäftspartner mehrmals an der Nase. Nun gibt es ja jede Menge von Rezeptbüchern, die für jede körperliche Reaktion eine Schublade haben. Nur: ob der Gesprächspartner uns auch den Gefallen tut, in diese Schublade zu passen? Je klarer Sie seine einzigartige Struktur kennen, desto besser können Sie mit jemand umgehen.

Auf der anderen Seite hat NLP eine Reihe von Filtern und Merkmalen entdeckt und herausgefunden, die dem Ganzen eine Ordnung und Struktur geben. Denn das Ziel ist, die Einzigartigkeit des anderen möglichst einfach – aber nicht simplifiziert – beschreiben zu können. Sonst besteht die Gefahr, dass man von so viel Information überflutet und daher handlungsunfähig wird.

3.1.4 Wer steuert das Programm?

Von der Sprache weiß man ja, dass man sie selber steuert. Was ich sagen will, das sage ich. Was ich nicht mitteilen will, behalte ich für mich. Das gilt genau so für alle anderen Funktionen. Wenn ich meine Gedanken nicht steuere – wer steuert sie dann? Wenn ich meine Gefühle nicht mache – wer macht sie dann? Ich entscheide, was ich denke; ich entscheide, was ich wahrnehmen will und was nicht; ich entscheide, welche und wie viele Gefühle ich zulasse; ich entscheide, ob ich mich locker oder verkrampft bewege.

Aus dieser Formulierung wird klar: „Ich", das bin ich als ganzer Organismus, nicht nur mein bewusster Verstand. Stellen Sie sich vor, Sie fahren in einem Bus: Sitzen Sie hinten drin und halten den Daumen, dass Sie schon irgendwie ankommen werden, wo Sie hinwollen? Stellen Sie sich vor, jeder verlässt sich darauf, dass der andere lenkt! Wer lenkt dann wirklich?

Die Möglichkeiten des Menschen liegen in ihm selber. Wenn ein Vorschlag mir passt, so kann ich mich dem anschließen. Wenn er mir nicht passt, so kann ich eine andere Möglichkeit wählen. Ich kann auch eigene Möglichkeiten entwickeln. Je größer die Anzahl der Möglichkeiten, desto größer wird mein Entscheidungsspielraum, desto größer werden meine Möglichkeiten zur Gestaltung der Situation. Darin unterscheiden wir Menschen uns von den Tieren, dass wir unsere Situation gestalten können, sie sogar bewusst nach unseren Plänen aufbauen können.

Nehmen wir die Schnecke als Beispiel: Wenn ich ihr auf die Fühler tupfe, zieht sie sie ein. Nach einer ganz bestimmten Zeit führt sie sie wieder aus. Tupfe ich wieder dagegen, zieht sie sie wieder ein. Nach genau derselben Zeit wie beim ersten Mal streckt sie sie wieder aus.

Das Spielchen können wir ziemlich lange treiben, die Schnecke „lernt nichts dazu": Immer wenn sie die Fühlhörner eingezogen hat, streckt sie sie nach ihrer bestimmten Zeit wieder aus. Sie kann einfach nicht länger warten, ob ich dann weg bin. Sie hält sich stur an ihren instinktiven Zeitplan. Wir können das anders machen. Wir können sagen: Jetzt habe ich das zweimal mitgemacht, jetzt reicht's. Jetzt mache ich das anders.

3.1.5 Wie wir uns einschränken

Diese Möglichkeit nützen wir aber nicht immer aus. Was uns einschränkt, ist unsere Gewohnheit. Wenn wir in einem bestimmten Kontext eine bestimmte Verhaltensweise gelernt haben, neigen wir dazu, sie auch beizubehalten, wenn sich inzwischen die Dinge entscheidend geändert haben.

Diese Gewohnheit hat natürlich auch viele Vorteile. Wir brauchen nicht immer aufs Neue zu probieren; wir wissen ja, wie es geht. Wir brauchen auch nicht jedes Mal ein (neues) Problem zu sehen und (wieder) zu überlegen. Wir wissen ein für allemal, wie wir vorzugehen haben. Aber sie hat auch ihre Nachteile.

Übung
Verschränken Sie bitte Ihre Arme vor der Brust!
Nicht weiterlesen, erst ausführen! Danke.

STOP!
Und nun schauen Sie: Welcher Arm ist oben?
Und nun verschränken Sie Ihre Arme so, dass der andere Arm diesmal oben ist.
Wie fühlt sich das an?

Wenn ich gewohnt bin, etwas auf bestimmte Art und Weise zu tun, kann es gut sein, dass mir etwas anderes zunächst schwerer fällt. Und wenn es mir dann doch gelingt, kommt es mir seltsam vor. Solche Gewohnheiten können wir natürlich untersuchen, studieren – und wenn wir wollen, auch ändern.

Was wir einfach „Gewohnheit" genannt haben, ist in der Sprache des NLP eine bestimmte STRATEGIE.

Verhaltensstrategien sind komplexe Programme (z.B. wie Informationen verarbeitet werden). Sie führen zu bestimmten Ergebnissen. Das beginnt bei der Auswahl der Informationen. (vgl. „Wahrnehmungstyp").

Wenn ich etwa das Auto meines Chefs in der Stadt erkenne, woran erkenne ich das? Erstens, weil ich sehe, es ist eine blaue XYZ-Limousine. Wenn ich die Autonummer erinnern will, sage ich vielleicht in Gedanken vor mich hin: „BOND 007": stimmt!

Aber kann man mit dieser Strategie alle Situationen meistern? Woran erkenne ich einen Wein als „Würzburger Stein, 1981, Kerner Spätlese"? An der Farbe alleine nicht. Hier brauche ich Geruch und Geschmack ganz notwendig. Damit er mir gut schmeckt, muss auch die Temperatur stimmen, die ich fühle. Und wo bleibt das auditive Moment? (Vielleicht haben wir dafür das „Anstoßen" erfunden.) Es ist also wichtig, zu bemerken, dass unterschiedliche Situationen verschiedene Strategien verlangen.

Auch hier ist die Frage: Schränken wir uns auf unsere "Lieblingsstrategie" ein oder nutzen wir unsere Möglichkeiten? In diesem Punkt haben Unternehmen und Mitarbeiter das gleiche Ziel. Das ist der Ansatz für NLP im Management.

3.1.6 Ziele definieren

das Ziel
erreicht haben:
es sehen, hören
und
spüren

Es ist oft wichtig, die richtigen Dinge zu tun. Wie kann ich erkennen, ob ich ein richtiges Ziel im Auge habe? Das ist selbstverständlich von Fall zu Fall verschieden. Aber formal lassen sich gewisse Kriterien angeben, denen dieses Ziel genügen sollte.

Ziele sollen – das ist bekannt – konkret (operational) und quantifizierbar sein. Das ist aber recht abstrakt formuliert. Um wirklich konkret zu werden, das heißt: auch wirksam zu werden, muss man sie auch erleben können, das heißt: konkret sehen, hören und spüren.

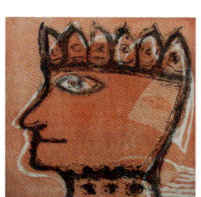

> ### Übung
>
> Denken Sie jetzt bitte nicht an Zigaretten!
>
> Denken Sie bitte auch nicht daran, dass sie krank machen können!
>
> ### STOP!
>
> Ist Ihnen das gelungen? Wohl nicht. Um konkret werden zu können, müssen Dinge positiv genannt sein.

Genannt sind hier aber nur die Zigaretten, an die Sie nicht denken sollten. Das hängt mit der Struktur des Gehirns[9] zusammen. Die rechte Hirnhälfte funktioniert analog und bildhaft. Sie liefert zum Wort „Zigaretten" sofort das Bild, den Geschmack. Das Wort „nicht" (bzw. das Konzept der Verneinung) muss von der linken, logischen Hirnhälfte beigesteuert werden.

Inzwischen ist aber das Bild von der Zigarette schon wirksam geworden und hat Gedanken oder Wünsche geweckt.

Wenn wir ein Rauchverbotsschild sehen, wird das deutlich. Um das Verbot zu signalisieren, müssen wir die Zigarette abbilden. Dann erst können wir sie durchstreichen. Die konkreteste und damit wirksamste Darstellung ist die unmittelbar sinnlich wahrnehmbare. Eine Speisekarte, welche die Auswahl nur beschreibt, ist weit weniger anregend als wirklich ausgestellte Speisen. Wer kennt nicht die magische Kraft von appetitlich angerichteten Leckerbissen, an denen das Auge schon hängt, bis dann der verführerische Duft in die Nase steigt, wenn das Klappern der Bestecke in den Ohren klingt, das Wasser spürbar im Munde zusammenläuft und die Lust unwiderstehlich wird?

Sinnlich erfahrbare Ziele wirken direkt auch auf die rechte Hirnhälfte. Das wusste schon Antoine de Saint-Exupéry, als er sagte:

„Wenn du ein Schiff bauen willst, dann trommle nicht Leute zusammen und vergib Aufgaben, sondern lehre sie die Sehnsucht nach dem weiten, endlosen Meer."

3.1.7 Wege suchen

Wege suchen heißt: bewährte Wege wieder aufsuchen und neue Wege entdecken. Das erste ist meist einfacher, birgt aber Gefahren.

Ein Eisbär hatte einen kleinen Käfig im Zoo. Darin lief er immer auf und ab; drei
Schritte links, drei Schritte rechts. Dann baute man ihm ein schönes, geräu-
miges Freigehege. Und was tut dort der Bär? Er läuft auf und ab, drei Schritte
links, drei Schritte rechts.

An einer verkehrsreichen Straße zwischen Parkplatz und Fabriktor mussten
sich die Leute immer anstrengen, um auf die andere Seite zu kommen. Mit der
Zeit wurde es immer gefährlicher, und es gab einige Unfälle. Also baute man
eine Unterführung. Und wie verhalten sich die Leute jetzt? Viele rennen nach
wie vor über die Straße.

Neue Wege entdecken hängt auch von der Kreativität ab. Nun können wir Leute in Künstler, Erfinder (und andere Genies) und Durchschnittsmenschen wie
Sie und mich einteilen. Dann haben wir jeden in seiner Schublade und wir
warten, bis die anderen andere Wege gefunden haben.

Aber was ist Kreativität eigentlich?
Es ist nur eine Verdinglichung von schöpferischen, anregenden Verhaltensweisen. Und irgendwas Neues hat sicher jeder von uns schon einmal gemacht.
Übertragen wir diese persönliche Kreativitätsstrategie auf unser Leben, werden wir neue Wege gehen.

Die entscheidenden Aspekte sind oft ganz einfach und überschaubar. Wenn
eine Gruppe jeden Vorschlag ausführlich diskutiert und kritisiert, wird er meist
abgelehnt; dann sucht man den nächsten und lehnt ihn wieder ab. Wenn man
aber viele Vorschläge einfach sammelt und erst danach auswertet, erhält man
wesentlich mehr und oft auch originellere Vorschläge.
Als „brainstorming" wurde diese Strategie schon lange vor NLP entdeckt. Da
sie in dieser groben Form bei sehr vielen Menschen wirkt, ist sie vor allem auch
für Gruppen hervorragend geeignet.

Als persönliche Arbeitstechnik kann jeder weiter gehen und eine individuelle Strategie erarbeiten, die für ihn mit seinen Fähigkeiten, Erfahrungen und Gewohnheiten am produktivsten ist.

Bei eigenen Arbeiten auf diesem Gebiet bin ich allerdings auf ein Phänomen gestoßen, welches die Vielzahl der Möglichkeiten auch lähmen kann. Gerade in solchen Situationen bietet NLP einen einfachen Weg, die Selbst-Blockierung aufzulösen und erfolgreichere Programme zu wählen. Wie ich mich selbst blockiere, hängt oft von meinen Einstellungen und Glaubenssystemen ab. Als stabilisierende Maßnahme ist die begleitende Änderung der Einstellung zur eigenen kreativen Leistungsfähigkeit wirkungsvoll. Auch die Modifikation eines hemmenden Glaubenssatzes (z.B.: Man kann am Auto nichts Wesentliches mehr weiterentwickeln) kann die kreativen Fähigkeiten entscheidend fördern und steigern.

3.1.8 Entscheiden

Beim Entscheiden sind bewusste und unbewusste Prozesse beteiligt. Die bewussten Denkprozesse werden auf abstrakter Ebene bereits von vielen (Management-)Trainern nach allgemeinem Schema geschult. Informationen über Möglichkeiten werden gesammelt, ihr Beitrag zur Erfüllung eines Kriteriums eingeschätzt und je nach der Bedeutung des Kriteriums gewichtet. Aber wenn uns dann die „errechnete" Lösung nicht gefällt, werden wir sie vielleicht nicht (motiviert genug) angehen. Unsere unbewusste Entscheidung ist stärker.

Diese inneren Prozesse werden wir uns etwas genauer ansehen:
Was man landläufig als „Denken" bezeichnet, läuft als Verkettung von internationalen Repräsentationen ab. Wahrgenommen werden nämlich innere Bilder, Stimmen und Körper-Empfindungen. Die Bilder und Stimmen können aus der Vergangenheit erinnert oder neu konstruiert werden. Konstruiert man neu, dann sieht oder hört man in der Phantasie etwas, was man in der Realität noch nie erlebt hat. Diese inneren Vorgänge laufen im Alltag blitzschnell ab und werden meist nicht bewusst registriert. Mit Unterstützung des Trainers, Aufmerksamkeit und Geduld lassen sie sich jedoch bewusst machen. Eine verblüffende Entdeckung ist, dass diese inneren Vorgänge an den Augenbe-

wegungen erkennbar werden (ACCESSING CUES). Wenn wir diese Hinweise kennen, können wir unserem Gesprächspartner ansehen, wie er denkt.

Das ist oft gar nicht so schwer, vorausgesetzt, man hat einige Übung und weiß, worauf es ankommt. Auch bei den internationalen Strategien gibt es Vorlieben für bestimmte Systeme.

Wesentlich ist jedoch: Die inneren Vorgänge sind vielfach ineinander verschachtelt und haben für jeden typische Verlaufsformen. NLP-Seminare schulen die Fähigkeit, die inneren Prozesse bei anderen wahrzunehmen und zu berücksichtigen. Weiterhin wird geübt, die eigene Strategie kennen zu lernen und zu verbessern.

Eine Strategie wird verbessert, indem einzelne Schritte oder Inhalte, die einen ungünstigen Einfluss auf eine sachgerechte Entscheidung haben (können), verändert werden. Hierzu wurden spezielle Techniken entwickelt.

3.1.9 Informationsverarbeitung bei Entscheidungsprozessen

Strategien zur Informationsverarbeitung laufen bei pragmatisch orientierten Menschen oft wie folgt ab:

Wenn sie ein Problem haben, suchen sie in ihrer Erinnerung nach einer Erfahrung, wie dieses oder ein ähnliches Problem bereits schon einmal gelöst worden ist. Finden sie eine solche Erfahrung, so pflegen sie danach zu handeln. Können sie in ihrer Erinnerung keinen Beweis dafür finden, dass eine Möglichkeit „funktionieren" wird, so wird diese als unrealistisch eingeschätzt. Zukünftiges Verhalten wird also nach früheren Erfahrungen gestaltet, die in Form konkreter Erinnerungen abgespeichert sind.

Eine völlig andere Strategie ist es, ganz neue Bilder zu konstruieren, die mögliche Lösungsentwürfe zeigen. Das Bild, das intuitiv das beste scheint, versucht man dann in die Realität umzusetzen. Wenn sich dabei zu viele Hindernisse in den Weg stellen, fühlt der Konstrukteur sich um die betreffende Möglichkeit „betrogen". Das Verhalten wird hier also von konstruierten Bildern bestimmt, die die besten Zukunftsmöglichkeiten versprechen.

Beide Strategien sind in vielerlei Hinsicht nützlich. Die eine hält davon ab, Zeit und Energie zu verschwenden, um Phantomen nachzujagen, wenn in der Vergangenheit schon einiges darauf verwendet worden ist: Man braucht das Rad nicht neu zu erfinden. Die andere eröffnet manchmal ungeahnte Möglichkeiten und lässt auch Ziele erreichbar werden, für die aus der konkreten Erfahrung keine Lösung möglich scheint.

Vor allem aber bringen Strategien die beiden Gesprächspartner in Konflikt, wenn sie miteinander entscheiden sollen. Der eine mag Vorschlägen nicht zustimmen, wenn er sie nicht konkret in seinem Erfahrungsschatz hat – und das ist bei konstruierten Lösungsansätzen praktisch ausgeschlossen. Der andere wird bei erfahrungsorientierten Vorschlägen zunächst die Vorteile seiner Ideallösung vermissen.

Das Problem wird deutlich: Solange die beiden nicht bemerken, dass sie unterschiedlichen Strategien folgen, wird der Streit um die „besseren" Kriterien nicht zu lösen sein.

Abgesehen davon, wie oft diese beiden Strategien die Schwierigkeiten zwischen Entwicklung und Produktion tatsächlich verursachen: Bei solchen Konflikten tut sich gerade jemand leichter, der darübersteht und so die Strategien erkennen kann. Er hat es in der Hand, die Missverständnisse an der Ursache anzugehen und das Problem zu lösen.

3.2 NLP und Selbst-Management

In jedem NLP-Seminar ist ein Teilziel, individuelle Störungen zu beseitigen. Es gilt, die persönliche „Bremse" zu lösen, die der einzelne angezogen hat, so dass er in Zukunft die volle Kraft seines inneren Motors ausführen kann. Möglichkeiten und Techniken des NLP werden nun behandelt.

Nehmen wir das Beispiel eines Tennisspielers, der an die Spitze gelangen will. Mit Hilfe einer Ballmaschine trainiert er täglich eisern verschiedene Schlagtechniken. Und dennoch – steht er auf dem Platz einem technisch gleichwertigen Gegner gegenüber, verliert er jedes Mal. Denn ihm fehlt etwas Entscheidendes in seinem Training. Technik ist zwar wichtig, aber für einen erstklassigen Spieler reicht die reine Technik allein nicht. Andere Fähigkeiten sind wichtig und zu üben: Einsatz, Flexibilität, Einstellung auf den Mitspieler, Spaß an der persönlichen Herausforderung, Durchhaltevermögen, Zielstrebigkeit und Selbstvertrauen.

Das Beispiel ist übertragbar auf jeden Beruf inklusive den des Führenden. Führungstechnik allein genügt nicht. Ja, oft wird sie künstlich oder störend, wenn sie nicht in einer entsprechenden Grundhaltung wurzelt. Wie die Ballmaschine schulen viele Trainings zwar intensiv einzelne Fähigkeiten in Kommunikation, Gesprächsverhalten usw., finden aber gleichzeitig dort ihre Grenzen. Denn bloßes Trainieren von Fähigkeiten geht vielfach nicht tief genug, um tiefeingewurzelte Muster und Denkstrukturen zu verändern. Auch das alleinige Verarbeiten mit dem Verstand reicht in diesem Fall nicht, um das Verhalten zu verändern. Betrachten wir die Störungen und Fähigkeiten im Zusammenhang mit der Ausgangssituation und dem angestrebten Ziel.[10]

3.2.1 „Blocks beseitigen"

Immer wieder tauchen Situationen auf, in denen der einzelne den Kontakt mit seinen Kräften und Fähigkeiten (RESSOURCEN) verliert.

Die sonst so souveräne und entscheidungsfreudige Führungskraft wird zum Aufsichtsrat bestellt, betritt den Raum und wird plötzlich nervös und unsicher. Oder man stelle sich bei einer gereizten Verhandlungsrunde einen Angriff unter die Gürtellinie vor: „Wenn Sie bei Ihren Plänen auch so kompetent sind wie in Ihrer Ehe, dann sehe ich schwarz."

den Block beseitigen und eine realitätsgerechte Lösung finden

In derartigen Situationen geht die Kontrolle über die Situation und das eigene Handeln verloren. NLP bezeichnet das als „Block" (STUCK STATE) und arbeitet gezielt dagegen: Mit bestimmten Techniken ist es möglich, die Inhalte der inneren Prozesse zu beeinflussen. Sind „blockauslösende" Inhalte beseitigt, ist der Weg frei für verantwortungsbewusstes, situationsgerechtes Verhalten.

Oft wird in solchen Situationen der Blick für die Realität durch traumatische Erfahrungen getrübt. Vielleicht wird durch die Situation vor dem Aufsichtsrat eine frühere Erfahrung von Ohnmacht reaktiviert. Mit Unterstützung eines NLP-Beraters kann man dieses Gefühl der Unsicherheit zurückverfolgen bis in die Situation, in der es erstmals in dieser Stärke ausgelöst und „geprägt" wurde. Durch die Trennung von aktuellem Wahrnehmen und Erinnern an Vergangenes einerseits und Aktivieren der jetzt verfügbaren Stärken wie Entscheidungsfreude andererseits, wird eine realitätsgerechte Lösung des Problems möglich. Wichtiger Bestandteil dieser Veränderung ist die „Zukunftsprobe" (FUTURE PACING): Durch Imaginationsübungen wird gewährleistet, dass der beabsichtigte Erfolg in Zukunft auch wirklich eintritt.

3.2.2 Erfolgs-Anker setzen (ANCHORING)

Äußere und innere Reize (Bilder, Worte und Töne, sowie körperliche Empfindungen) bestimmen die momentane Stimmung und den inneren Zustand. NLP hat die Wirkung von visuellen, auditiven und kinästhetischen Auslösern, den so genannten ANKERN (ANCHORS) genauer beobachtet. Positive Anker werden bewusst aufgebaut und nutzbar gemacht (z.B. beim so genannten COLLAPSE ANCHORS). Betrachten wir die Verwendung genauer am Beispiel der körperlichen Anker: Dass Bewegung und Sport wie Jogging, Tennis, Schwimmen usw. insgesamt belebend und stressabbauend sind, hat sich herumgesprochen. Von den Fachleuten jedoch kaum bewusst miteinbezogen sind bisher die unmittelbaren Auswirkungen von Haltung, Atem und minimalen Bewegungen auf die Stimmung und die damit verbundene Leistungskraft. Klar ist den meisten lediglich, dass sich Gefühle im und durch den Körper ausdrücken. Wer sich freut und glücklich ist, (ver-)hält sich anders als jemand, der deprimiert und traurig ist. Weniger bekannt ist die Tatsache, dass sich dieser Wirkungsmechanismus auch bewusst umkehren und einsetzen lässt: Wie ich mich halte, so fühle ich mich.

In Übungen kann jeder herausfinden, wie für ihn seine Stütze, sein „Anker" aussehen könnte, mit der er in kritischen Situationen wieder Halt und festen Boden unter die Füße bekommen kann. Von dort aus lassen sich dann auch schwierige Situationen wieder in den Griff bekommen.

3.2.3 Den eigenen Spielraum erweitern

Wer tiefer in sich hineinschaut, stößt oft an Gitterstäbe und geistige Barrieren, die ihn einengen. Jeder von uns hat durch seine bisherigen Erfahrungen ein bestimmtes Bild von sich selbst gemacht. Zum Beispiel: Ich bin fähig im Umgang mit Menschen, aber unfähig, organisatorische Ordnung zu halten.
Oder: Die Grenzen meiner Belastung liegen bei sechs Stunden konzentrierter

Arbeit. Oder: Im Grunde genommen bin ich nicht besonders fähig und muss bescheiden und zufrieden sein. Durch solch ein Bild von uns engen wir uns übermäßig ein und bleiben in unserem Selbstvertrauen beschränkt.

Dieses Konzept von uns (BELIEF SYSTEM) zu erkennen und zu erweitern, ist ein wichtiges Ziel des NLP-Trainings. Kernpunkt dabei ist, herauszubekommen, mit welchen inneren Sätzen und Bildern wir uns selbst hemmen und negativ beeinflussen. Im nächsten Schritt ersetzen wir die negativen Informationen gezielt durch positive und kommen dadurch zu einer realistischeren, Erfolg versprechenden Neueinschätzung. Diese ist offen für eine Weiterentwicklung und erweitert den eigenen Spielraum. Danach wird jemand mit gesundem Selbstvertrauen Entscheidungen fällen, Ziele setzen und seinem wirklichen Können entsprechend arbeiten – und zwar genau so weit entfernt von einer übersteigerten, arroganten Überheblichkeit, wie von einem zweiflerischen, selbstquälerischen Minderwertigkeitsgefühl.

> unser „Belief System" erkennen, erweitern und neue Entscheidungen fällen

3.2.4 Aus den eigenen Kraftquellen schöpfen

Woher nehmen manche Manager, Firmengründer und wirtschaftliche Pioniere die anscheinend unerschöpfliche Energie, um die selbstgesteckten Ziele zu verwirklichen? Warum schaffen es andere nicht einmal, ihre Post pünktlich zu erledigen?

Wer zu den staunenswerten Vorbildern gehört, der ist nicht in Konflikten zerrissen, die Kräfte sind nicht gespalten – alles zielt in die angestrebte Richtung. Das heißt mit anderen Worten des NLP: Das Bewusste und das Unbewusste ziehen an einem Strang.

Was ist das Unbewusste? Neben unserem Bewusstsein, dem, was wir bewusst wissen, wünschen und planen, wirken auch andere innere Anteile. Häufig handeln wir in Konflikten gegen unsere bewussten Absichten und Vorsätze. Jeder hat das schon erlebt, wenn er sich eine schlechte Angewohnheit abgewöhnen wollte. Oder ein anderes Beispiel: Wir sammeln konsequent und systematisch alle Fakten, um eine wohlüberlegte Entscheidung zu treffen – und plötzlich, unerwartet, entscheiden wir ganz anders. Oft betrachten wir diese nicht bewussten Teile als Feind und Saboteur, den es zu bekämpfen gilt. Damit setzen wir unsere Kraft in den Kampf mit uns selbst ein und verlieren sie für die konstruktive Lösung unserer Probleme und Aufgaben.

unsere Kraft für kon-
struktive Lösungen
nutzen und uns mit
den unbewußten Ge-
genkräften verbünden

NLP hat einen anderen, einen positiven Ansatz. Unser Ziel ist es, diese unbewussten Gegenkräfte zu Verbündeten zu machen. Denn auch das Unbewusste will unser Bestes – nur oft mit falschen Mitteln, da es auf längst überholten Stufen unserer Vergangenheit stehen geblieben ist.

Schon leichte Entspannungszustände unter fachmännischer Anleitung genügen in der Regel, um einen Zugang zu den tieferen Schichten des Unbewussten zu finden. Erlaubt sich jemand, nach innen zu hören und seinen inneren Verarbeitungsprozessen Raum zu geben, erschließen sich neue Kraftquellen und neue Möglichkeiten. So öffnen wir den Zugang zu der bildhaften kreativen Seite in uns. Wissen wird wieder verfügbar, das durch die Zensur des Verstandes, unserer Erziehung und Konditionierung unterdrückt worden war.

3.2.5 Die eigenen Stärken nutzen

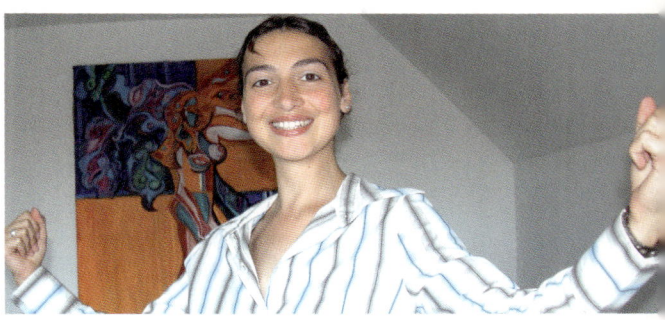

Viele Leute verstricken sich in Problemen oder gehen sogar darin unter, weil sie als erstes die Ursachen für ihre Schwierigkeiten herausfinden sollen. Sie denken, dass sie erst nach dieser Analyse und nur dadurch ihre Probleme abstellen können. Das aber betont die Probleme erst und gibt ihnen Gewicht. NLP hat einen entgegengesetzten Ansatz. Wir schauen nicht nach hinten zu den Schwierigkeiten, sondern nach vorne zu dem Verhalten, das wir uns wünschen. Dieses gilt es dann rasch und möglichst effektiv zu erreichen. Denn: Mit dem neuen Verhalten sind auch die alten Probleme beseitigt.

Wir gehen also zielorientiert vor. Wir erreichen die Ziele, indem wir Fähigkeiten, die wir in Teilbereichen bereits zur Verfügung haben, in andere Bereiche übertragen. Es geht nicht so sehr darum, sich zu ändern, sondern sich zu bereichern und mehr Handlungsmöglichkeiten zur Verfügung zu haben. Indem wir lernen, unsere Kräfte und Energien in neuen Bereichen zu mobilisieren, werden wir flexibler und erfolgreicher.

NLP hat Techniken entwickelt, um derartige Einstellungen aus der ursprünglichen Situation herauszulösen und sie in andere Situationen hinüberzunehmen (so genanntes: COLLAPSING ANCHORS). Mit Hilfe von Entspannungszuständen sowie bildhaften und körperlichen Übungen gelingt es, positive Kräfte in negativen Situationen hineinfließen zu lassen und sie dadurch zu verändern. Wer diese Technik erfahren hat und übt, ist in der Lage, die erworbene Methode für alle Situationen nutzbringend anzuwenden.

Mit einer anderen Technik wird Verhalten erlernt, mit dem in der Vergangenheit noch keine Erfahrungen gemacht wurden (BEHAVIOR GENERATOR). Derjenige, der etwas Bestimmtes lernen will, sucht sich in der Phantasie ein Modell, d.h. jemanden, der das Verhalten bereits gut beherrscht. Im Entspannungszustand überträgt er mittels bildhaften Vorstellungen dieses Verhalten passend auf seine Person und übernimmt es auf diese Weise.

3.2.6 Die Scheuklappen ablegen

Im NLP sind sinnvolle Kriterien dafür entwickelt worden, was den persönlichen Erfolg ausmacht. Genau wie wir betriebliche Ziele klären, können wir auch unsere persönlichen Ziele unter die Lupe nehmen. Dabei können wir noch tiefer gehen:

Wenn jemand wirklich beispielsweise das Ziel nennt, möglichst rasch Millionär zu werden, dann wird der NLP-Trainer als erstes fragen: Wenn Sie nun Millionär geworden sind, was versprechen Sie sich davon? Mehr Anerkennung? Vielleicht mehr Genuss? Oder was sonst genau? Er wird den Betreffenden weiter fragen, ob es für ihn notwendig sei, den Umweg über den Millionär zu gehen, um die wichtigen Ziele, die dem Millionärswunsch zugrunde liegen (z.B. die Anerkennung, der Genuss usw.) zu erreichen. Nun können die beiden neue Wege suchen, diese Ziele auf andere Weise vielleicht schneller und leichter zu erreichen.

> die eigenen Anlagen und Fähigkeiten entwickeln und dabei Scheuklappen ablegen

Wer einen Esel zum beharrlichen Ziehen eines Wagens bringen will, hängt ihm am besten eine Karotte vor die Nase. So weit weg, dass er sie nicht fassen kann, aber doch so nah, dass er ständig vorwärts geht, um sie zu schnappen. Für manchen ist „Erfolg" eine derartige Karotte, die ihn zwar den Wagen ziehen lässt, die er aber nie erreicht, um sie genussvoll und in aller Ruhe zu verspeisen. Wer nur nach der unerreichten Karotte stiert, wird sich in furchtloser Hetze danach frustrieren. NLP hilft, derartige Scheuklappen abzulegen und realistische, befriedigende Ziele wahrzunehmen und zu erreichen. Dazu gehören Fähigkeiten, die mit Leistung und beruflichem Erfolg zu tun haben. Denn wer sich unterfordert und seine Anlagen und Fähigkeiten nicht entwickelt, wird schwerlich zufrieden werden. Hand in Hand gehen damit jedoch andere menschliche Eigenschaften: Offenheit, Kontaktfähigkeit, Zufriedenheit, Spaß an Neuem. Damit verwirklicht sich eine bestimmte Qualität im Leben. Das ist der Nährboden, auf dem gesunder Erfolg gedeiht, weit weg von dem gejagten „Erfolgstyp", hinter dessen Bürotür der Herzinfarkt lauert.

Seminare zur persönlichen Weiterentwicklung mit NLP geben hilfreiche Strukturen vor, die jeder mit dem, was ihm wichtig ist, ausfüllen kann. So wichtig es ist, zu lernen, alle Kräfte für ein selbstgestecktes Ziel einzusetzen, so wichtig ist es, von den eigenen Werten aus immer wieder sein Ziel zu überprüfen und neu zu bestimmen. Jeder wird sich so seine eigenen, ganz persönlichen Schritte suchen und die Fähigkeit stärken, diese Schritte nach dem Seminar auch tatsächlich zu gehen.

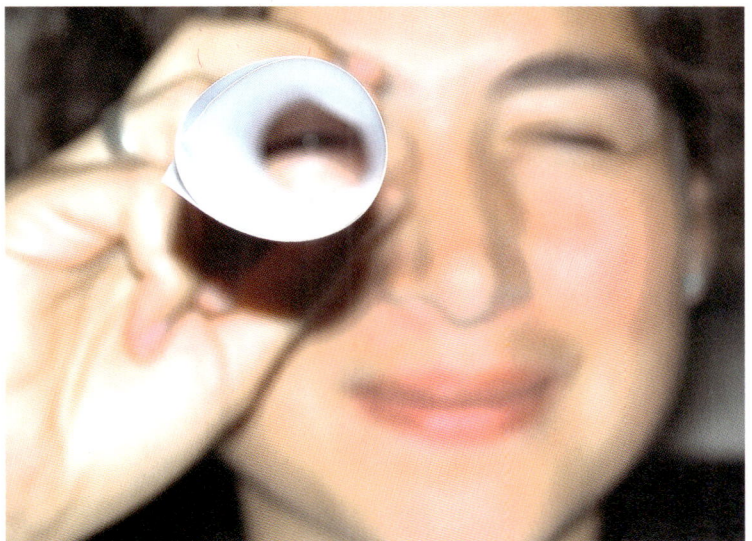

4. Fazit:

Wir können festhalten: NLP kann äußerst positiv eingesetzt werden, und zwar sowohl für sich selbst als auch für bessere Kommunikation mit anderen. Es kann allerdings auch manipulativ missbraucht werden, wobei man sich darüber klar sein muss, dass die Grenze zwischen Motivation und Manipulation zwangsläufig eine nebelige sein muss! Wie oft behauptet jemand, er täte dies oder jenes nur „zum Besten" desjenigen, den er in Wirklichkeit nach allen Regeln der Kunst manipuliert? Also:

Man kann sich mit NLP selber helfen, man kann bessere Kontakte zu anderen herstellen lernen (insbesondere lernt man sich und andere weit besser zu beobachten!) und man kann mit NLP anderen helfen (wenn diese dies wirklich wünschen!).

Wer gerne weiterlesen möchte, wird im Literatur-Verzeichnis einige Titel finden.

5. Was Sie über NLP-Ausbildungen wissen sollten

Die erste Ausbildungsstufe ist der NLP-Practitioner. Hier werden zur Selbsterfahrung die wichtigsten Grundlagen und Techniken des NLP erlernt. Der zeitliche Umfang beträgt normalerweise 18 bis 20 Tage Ausbildung, die unterschiedlich aufgeteilt (z.B. Wochenenden oder als Block) werden. Der Practitioner enthält meist auch Techniken, die therapeutisch ausgerichtet sind.

Die zweite Ausbildungsstufe ist der Master-Practitioner. Hier kommen neuere Entwicklungen und fortgeschrittene Techniken und Methoden hinzu. Der zeitliche Umfang ist ebenfalls ca. 20 Tage. Als nächste Stufe kommt der NLP-Trainer.

Seit ein paar Jahren entstehen zusätzliche Zwischenstufen. Die Ausbildung wird noch gründlicher. So gibt es inzwischen: Advanced Level, Associate Trainer, Certified Trainer, Master Trainer (und irgendwann wahrscheinlich den Super-Master-Trainer).

Die NLP-Ausbildungen sind national und international unterschiedlich geregelt. In Deutschland sind die NLP-Anwender im DVNLP e.V. und in der DG-NLPt e.V. (einer Schwesterorganisation des DVNLP) organisiert.

Meine persönliche Empfehlung an Sie, liebe Leserin, lieber Leser: Haben Sie nicht zu viel Respekt vor den unterschiedlichen Trainer-Titeln! Machen Sie sich selbst ein Bild. Mir sind schon „Master-Trainer" begegnet, deren Kompetenz mich erschreckt hat.

In einigen Vereinigungen und Verbänden wurden Ausbildungen und Curricula als NLP-Therapeut und als NLP-Coach eingeführt. Je nach spezifischer Ausrichtung haben sich weitere Ausbildungsgänge zum Business-Coach, zum LernCoach u.a. gebildet.

Seit 2007 wird NLP als Masterstudiengang an der University of Kingston in Großbritannien zertifiziert: „Master of Arts in Coaching and NLP". An einigen Fachhochschulen und Universitäten in Deutschland werden (Einführungs-)seminare des NLPs oder Seminare, in deren Rahmen NLP Methoden eingesetzt werden, angeboten.

6. Kurzdefinitionen der wichtigsten NLP-Begriffe

- Ankern

Ankern bedeutet die feste Verbindung von einem Gefühl mit einem Bild, Ton oder einer Berührung. Es ist eine Koppelung von Reiz und Reaktion, ähnlich wie bei der klassischen Konditionierung. Das heißt, ein bestimmtes Gefühl wie Freude oder Trauer kommt automatisch hoch,
- wenn ein bestimmtes Bild gesehen wird (z.B. Urlaubsfoto)
- wenn ein bestimmtes Geräusch ertönt (z.B. Werksirene)
- wenn eine bestimmte Körperstelle berührt wird (z.B. Schulterklopfen)

- Auditiv

Das, was wir hören.

- Augenmuster

An der Stellung der Augen lässt sich ablesen, ob jemand innerlich Bilder sieht, Stimmen hört oder Gefühle wahrnimmt.

- Block

Im Zustand des „Blocks" sind wir von unseren Kräften abgeschnitten. Wir sind „blockiert" („stuck state")

- Kinästhetisch

Innerliche und äußerliche körperliche Empfindungen wie Gefühle und Tasteindrücke.

- Leading

„Leading" ist „führen". Voraussetzung ist das Pacing (s. unten) Wenn ich mich auf den anderen eingestellt und eingestimmt habe, dann kann ich den anderen ein Stück in die Richtung, in die ich will, mitnehmen. Solange Rapport (s. unten) besteht, wird der andere mitgehen.

● Moment of Excellence

„Moments of Excellence" sind die Höhepunkte unseres Lebens, als wir im Vollbesitz aller unserer Ressourcen waren. Wir waren ganz besonders erfolgreich, glücklich, entspannt, mutig oder liebevoll.

● Pacing

„Pacing" lässt sich wörtlich übersetzen als „in gleichem Schritt mit jemandem gehen". Pacing ist das Wichtigste, um Rapport (s. unten) herzustellen. Dabei stellt sich jemand ganz auf seinen Partner ein, um in einen gleichen Rhythmus mit ihm zu gelangen. Er gleicht sich ihm an („Spiegeln"). Pacing kennt viele Ebenen: Interessen, Sprachen, Körpersprache, Gefühle usw..

● Rapport

„Rapport" ist ähnlich wie der „gute Kontakt". Dieser gute Kontakt ist die Grundlage, damit zwei Menschen sich verständigen können. Rapport gilt immer nur für einen bestimmten Moment. Er kann jederzeit auch wieder verloren gehen („Rapportbruch").

● Reframing

„Reframing" heißt wörtlich übersetzt „einen neuen Rahmen geben". Das Ziel ist, durch eine neue Perspektive Verhalten, das bisher abgelehnt wurde, in neuem positiven Licht zu sehen. Damit entdecken wir im Negativen das Positive, in den Schwächen die Stärken.

● Repräsentationssysteme

Die wichtigsten Sinne sind in unserer Kultur das Sehen, Hören und Spüren oder Fühlen. Die meisten Menschen bevorzugen einen oder zwei Sinne. Mit diesen Sinnen machen sie sich ihre ganz individuelle Vorstellung von der Welt, repräsentieren sie in ihrem Innern. Daher wird der bevorzugte Sinn „Repräsentationssystem" genannt. Die jeweils bevorzugte Wahrnehmung ist an der Sprache erkennbar.

● Ressourcen

„Ressourcen" bedeuten wörtlich „Rohstoffe". Das sind alle Kräfte, Fähigkeiten und nützliche Erfahrungen, die wir gemacht haben. Im Zustand der Ressourcen schöpfen wir unser Potential ganz aus.

● Visuell

Das, was wir sehen.

Fußnoten

1   Birkenbihl, Vera F.: Einstieg in NLP; Beitrag in den ersten sechs Auflagen dieses Buches.

2   Dilts, Robert: Know How für Träumer oder: Tools for Dreamers. Strategien für Kreativität & die Struktur von Innovation; Junfermann 1994.

3   Ulsamer, Bertold: Exzellente Kommunikation mit NLP. Als Führungskraft den Draht zum anderen finden. Offenbach: GABAL, 6. Aufl. 1997.

4   Ulsamer a.a.O.

5   Ulsamer, Bertold: Erfolgstraining für Manager. Ihr Mentalkurs zur Spitzen-leistung; ECON: Düsseldorf 1992.

6   Blickhan/Blickhan: Denken, Fühlen, Leben; mvg-Verlag: Landsberg 2000.

7   Bandler/Grinder: Reframing. Ein ökologischer Ansatz in der Psycho-therapie; Junfermann: Paderborn 2000

8   Bitte bedenken Sie, dass Ihnen ein Experiment die Möglichkeit gibt, eine Erfahrung zu erleben (statt sie nur theoretisch zu durchdenken). Na, was meinen Sie, machen Sie mit? Handlungs-Aufforderungen sind immer in Futura gesetzt, damit Sie gleich aufmerksam werden.

9   Birkenbihl: Stroh im Kopf? – Gebrauchsanleitung fürs Gehirn, MVG Landsberg 2001

10 nach Robert Dilts

Literaturverzeichnis – Weiterführende Literatur

Andreas, Steve und Faulkner, Charles:
Praxiskurs NLP. Paderborn 2006

Bandler, Richard & Grinder, John:
Struktur der Magie: Kommunikation und Veränderung: Bd II. Paderborn 2003

Bandler, Richard & Grinder, John:
Neue Wege der Kurzzeit-Therapie: Neurolinguistische Programme. Paderborn 2002

Blickhan, Claus und Daniela:
Denken, Fühlen, Leben. Vom bewussten Wahrnehmen zum kreativen Handeln mit NLP. Landsberg 2001

Blickhan, Claus:
Miteinander reden lernen – die sieben Gesprächsförderer. Freiburg 2000

Blickhan, Claus:
Was schief gehen kann, geht schief – Murphys Gesetze in der Wunderwelt der Psychotherapie, Wiesloch 1999

Csikszentmihalyi, Mihaly:
Flow im Beruf. Das Geheimnis des Glücks am Arbeitsplatz. Stuttgart 2004

Csikszentmihalyi, Mihaly:
Dem Sinn des Lebens eine Zukunft geben. Eine Psychologie für das 3. Jahrtausend. Stuttgart 1995

Dilts, Robert:
Die Magie der Sprache. Paderborn 2005

Dilts, Robert:
Die Veränderung von Glaubenssystemen. Paderborn 2006

Loehr, James E.:
Tennis im Kopf. Der mentale Weg zum Erfolg. München 1991

Loehr, James E.,
Persönliche Bestform durch Mentaltraining für Sport, Beruf und Ausbildung. München 1988

Loehr, James E.:
Stress for Success. The Proven Program for Transforming Stress into Positive Energy at Work. New York 1997

Mohl, Alexa:
Der große Zauberlehrling. Paderborn 2008

O'Connor, Joseph und Seymour, John:
Neurolinguistisches Programmieren. Gelungene Kommunikation und persönliche Entfaltung. Freiburg im Breisgau 1992

Ulsamer, Bertold:
Empowerment in Zeiten der Krise: An Krisen wachsen statt darin unterzugehen. München 2004

Ulsamer, Bertold:
Erfolgstraining für Manager. Ihr Mentalkurs zur Spitzenleistung. Düsseldorf 1992; Reprint bei Books on Demand 2004 unter dem Titel: *Erfolgstraining – nicht nur für Manager. Mit NLP und Mentalem Training zu beruflichem Erfolg und innerer Zufriedenheit*

Ulsamer, Bertold:
Exzellente Kommunikation mit NLP. Als Führungskraft den Draht zum anderen finden. Bremen 1997 (vergriffen)

Ulsamer, Bertold:
Karriere mit Gefühl. Wie Sie Ihre emotionale Intelligenz nutzen. Frankfurt/M. 1996; Reprint bei Books on Demand 2004 unter dem Titel: *Hobeln ohne Späne. Führungskunst durch emotionale Intelligenz*

Ulsamer, Bertold:
Ohne Wurzeln keine Flügel. Die systemische Therapie von Bert Hellinger. München 2006

Walker, Wolfgang:
Abenteuer Kommunikation - Bateson, Perls, Satir, Erickson und die Anfänge des Neurolinguistischen Programmierens: Stuttgart 1996

Lebendiges Reden Redeangst? Nein Danke!

So erlernen Sie die Geheimnisse der Rhetorik und gestalten Vorträge interessant und spannend.

Die Fähigkeit zum lebendigen angstfreien Reden vor Gruppen und Autoritätspersonen ist in der Schule, im Studium (z.B.: mündliche Prüfungen, Seminare) und im Beruf ein entscheidender Schlüssel zum Erfolg.

Redekunst ist erlernbar.

- Akzeptierender Umgang mit psychischen Problemen
- Schriftliche Problemanalyse
- Humoristische Übertreibung
- Entspannungsmethoden
- Imaginative Methoden
- Verhaltensübungen

INKLUSIVE SELBSTHILFEPROGRAMM MIT CD

Die mit Musik unterlegte Entspannungs-CD enthält:

- Atemmeditation und Reise durch den Körper
- Vorbereitung einer Rede
- Vortragen der Rede
- Verhalten bei einer Diskussion

Coach dich!

modern und trotzdem ein echter KLASSIKER:

Sei dein eigener Lebensmeister mit Hilfe des Rationalen Effektivitäts-Trainings!

Wir wollen das Berufsleben oder die Examensphase erfolgreich meistern.
Diese hierfür erforderlichen psychischen Stärken können trainiert werden.
So wie ein Sportler sich auf einen Wettkampf vorbereitet, können auch wir
Fertigkeiten lernen, die uns beruflich und vor allem im Umgang mit Menschen
erfolgreicher werden lassen.

Es geht bei dem Buch „Coach dich!" um die Beantwortung folgender Fragen:

- wie führe ich erfolgreich Veränderungen autonom herbei
- wie überwinde ich Blockaden
- wie gelingt es mir, die
  Einsichten einer
  Lebensphilosophie
  praktisch
  umzusetzen

Weitere Infos zu unseren Produkten
finden Sie unter:

www.hemmer-shop.de

Kaum etwas ist frustrierender, als sich in mühseliger Arbeit Wissen anzueignen, nur um dann wenige Zeit später festzustellen, dass das Meiste wieder vergessen wurde ...

Anstatt sein Wissen konstant auszubauen, wird dasselb immer wieder von neue angegangen. Ein solche Vorgehen hat nur einen gering Lernerfolg, Motivation un Konzentrationsfähigkeit leide unter diesem ständige „Ankämpfen" gegen da Vergessen.

Sobald man etwas Neues lernt, scheint das Alte schon wieder zu verschwinden. So vergessen Sie ca. 80 Prozent einer Information innerhalb von 24 Std. nach der Aufnahme!
Lernen Sie effektiv mit unserer Wiederholungsmappe und nutzen Sie die gewonnen Zeit als Freizeit.

von Anfang an richtig lernen!

HEMMER WIEDERHOLUNGSMAPPE

Mit dieser Wiederholungsmappe möchten wir diesem Problem beim Lernen entgegentreten. Mit einem effektiven Wiederholungsmanagement werden Sie Ihr Wissen beständig auf einem hohen Niveau halten. Rechtsgebiete müssen nicht immer wieder von vorne gelernt werden. Die gewonnene Zeit lässt sich als Freizeit genießen oder zur weiteren Vertiefung Ihres Wissens nutzen. Vor allem aber geht man mit dem sicheren Gefühl an die Arbeit, sein Wissen im Examen auch präsent zu haben.

Wiederholungsmappe (DinA 4) mi 12 Tages-Fächern zur systematische Bearbeitung und Einordnung Ihre Lernstoffes

Handbuch mit vielen praktischen Tipps und Erläuterungen zur Wiederholungsmappe, wie z.B.:
- Rhythmus des Gedächtnisses
- Examensmanagement mit Min Mapping & Co

ZUSÄTZLICH

Über **40 Mind Maps** zu de examensrelevanten Rechtsgebieter zur besseren „Verortung" des Wisser.

Kurzskript: „Klausurtechnik und Argumentation mit Mind Mapping"

Montag	1
	2
Dienstag	1
	2
Mittwoch	1
	2
Donnerstag	1
	2
Freitag	1
	2
Wochenende	1
	2

inklusive Handbuch

Sonderpreis: 9,90 €

www.hemmer-shop.d

hemmer finance AG

www.hemmer-finance.de   0221 - 9906015

Finanzberatung von hemmer finance
Wir behalten die Kosten im Blick

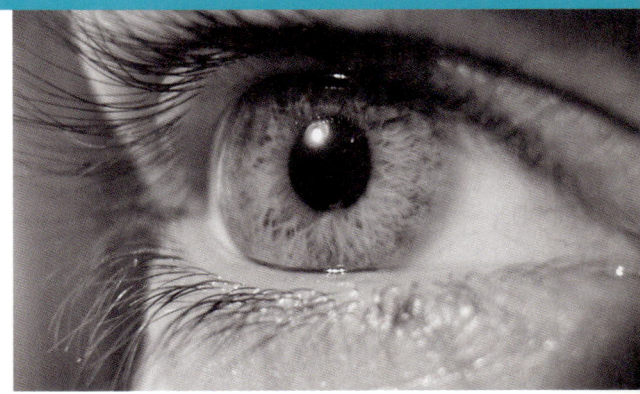

Wer Finanzprodukte mit einer günstigen Kostenstruktur sucht, kommt zu hemmer finance. Für Ihre Rendite sind die Kosten entscheidend.

SICHER   RENDITESTARK   TRANSPARENT

hemmer finance AG
www.hemmer-finance.de 0221 - 9906015

Schon probiert?
Gummibärchen für 100.000 Euro

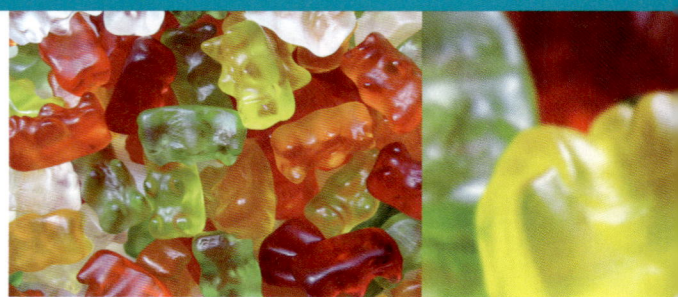

Die geschenkten Gummibärchen vom Finanzberater können ein teures Vergnügen werden. Wer sich verleiten lässt, einen Altersvorsorgevertrag mit Kosten von 3-4% p.a. abzuschließen, der zahlt - meist ohne es zu wissen - einen hohen Preis an Banken und Berater. Über 100.000 Euro kann der Unterschied zu einer kostengünstigen Altersvorsorge nach 35 Jahren betragen. hemmer finance bietet eine günstige ETF-Altersvorsorge mit Kosten unter 1% p.a. an.

Wir sprechen gerne über die Kosten von Finanzprodukten

hemmer.card

Autoren

Bertold Ulsamer und Claus Blickhan gründeten schon 1985 das erste deutsche Institut für Business-NLP (OrBIT). Mit ihren Büchern gehören sie zu den meistgelesenen deutschen NLP-Autoren.

Dr. Bertold Ulsamer ist promovierter Jurist und Diplom-Psychologe. Er arbeitete zunächst als Psychotherapeut, spezialisierte sich dann auf NLP und war damit 15 Jahre als Managementtrainer tätig. Danach widmete er sich 10 Jahre der Aufstellungsarbeit, führte und führt national und international Weiterbildungen dazu durch. Ein Schwerpunkt ist hier die Arbeit mit Traumata. Im Management arbeitet er heute auch als Berater und Coach. Er ist Autor von mehr als 15 Büchern zu den Themen Kommunikation, Selbstmanagement und Aufstellungsarbeit.

Dr. Bertold Ulsamer
Gresserstr. 24
D-79102 Freiburg
Tel.: 0761-706418

E-Mail: mail@ulsamer-unternehmensberatung.de
www.ulsamer-unternehmensberatung.de